Oraciones que

Oraciones que activan promesas

Oraciones que activan promesas

Oraciones
QUE ACTIVAN PROMESAS

Para Recibir El Amor

La Gracia

Y

El Favor De Dios

Martha Melendez

Oraciones que activan promesas

Copyright © 2023 Martha Melendez

ISBN 9798864598214

Independently published

ACERCA DE MI

Nací en Barranquilla, Colombia, Tengo 3 hermosos hijos; junto con mi esposo Andres Perez, ambos médicos, hemos trabajado por más de 20 años como asesores cristianos para matrimonios, y hemos tenido el privilegio de combinar nuestra experiencia profesional con nuestra fe en Dios para brindarles un recurso inspirador y transformador.

Es con gran emoción y gratitud que les presento mi libro *"Oraciones que activan promesas"*, un proyecto en el que he trabajado con dedicación y amor, como parte de cumplir mi sueño, pero también con el gran deseo en lo más profundo de mi corazón, que cada página de este libro sea un recurso sencillo y una guía valiosa para aquellos que buscan crecer en su fe y fortalecer sus vidas de oración, como también para todos los que necesitan reavivar su tiempo de oración, permitiéndoles activar las promesas divinas para recibir de Dios Su amor, Su gracia y Su favor.

Oraciones que activan promesas

AGRADECIMIENTOS Y DEDICATORIA

- Te honro y te agradezco, *Espíritu Santo,* por iluminar mi mente y abrir mi corazón a la sabiduría divina.
Por inspirarme y permitirme escribir este libro para que cada persona que lo lea consiga fortalecer su tiempo de intimidad contigo.

- A mis padres *Roberto y Josefita,* gracias por su amor y apoyo incondicional.
- *A mi madre* por ser un ejemplo de fe y perseverancia. Tu constante oración y confianza en Dios me han inspirado a buscarlo en toda circunstancia.

- *A mi amado esposo y compañero de vida, Andres*: quiero dedicarte este libro con todo mi corazón. Es un símbolo de nuestro amor y de nuestra fe en las promesas de Dios. Tus palabras de aliento, tu paciencia y tu amor constante han sido fundamentales para hacer realidad este proyecto, así como muchos otros.

- *A mis Amados Hijos Daniela, Andreita y Andresito* promesas de Dios y mis motores en esta vida.

Oraciones que activan promesas

AGRADECIMIENTOS Y DEDICATORIA

- *A Mi hermana Faride y mi sobrina Stephany,* dedico con mucho amor cada página de este libro por ser mujeres valientes y gracias a su fe, son hoy testimonio vivo del poder y del favor de Dios en sus vidas.

- *A mis pequeños sobrinos Emily, Salome, Drake y Nicolas,* todo mi cariño. Pido al Espíritu Santo para que los continúe guiando en su crecimiento espiritual y los lleve a inspirar a otros niños a buscar el amor de Dios.

- A mis queridas amigas y hermanas en Cristo *Susy Franco y Sarita Valencia,* en representación de todas las mujeres que, con su amor y su fe, iluminan el camino de quienes las rodean.

- Pastor Israel Martin, muchas gracias por su apoyo al escribir el prólogo de mi libro. Su visión y perspectiva le agregan un valor invaluable, lo cual significa mucho para mí.

- Quiero expresar mi más sincero agradecimiento a todas las personas que se tomaron el tiempo de llenar mi encuesta y enviarme sus testimonios. Su colaboración ha sido importante para el desarrollo de este proyecto.

Oraciones que activan promesas

PROLOGO

Los creyentes contemporáneos vivimos en la época de más rápidos cambios y más elevados niveles de estrés de la historia de la humanidad. El ritmo vertiginoso de la vida hace que una gran parte de la población mundial viva en total reacción y con carencia de proactividad espiritual.

Esto afecta directamente la vida de oración, aun cuando la posmodernidad se jacte de un renacer de la espiritualidad. Lamentablemente, los creyentes occidentales oramos poco y lo hacemos muy deficientemente.

En su libro "Oraciones que activan promesas", la Dra. Martha Meléndez rescata conceptos sencillos pero vitales de la vida de oración, los cuales pueden transformar completamente la vida de un creyente y su conexión con Dios.

Así como los discípulos rogaron al Señor Jesucristo que les enseñara a orar, también hoy millones de creyentes claman por una vida de oración más efectiva.

Este libro puede ser una respuesta crucial a esa gran necesidad. Gracias, Martha, ¡por tan oportuno libro!

Israel Martin, PhD., DMin.
Firstorlandohispano.com

ÍNDICE

Introducción..11

1. La Esencia de la Oración 15
   1 Tesalonicenses 5:16-18
   - La naturaleza y el propósito de la oración...............17
   - A quién debemos dirigir nuestras oraciones............21
   - Los diferentes modelos de oración..........................24
   - La lucha con la oración...35
   - Las respuestas de Dios a nuestras oraciones............43
   - Nuestras reacciones..45
   - La importancia de orar con autoridad.....................48
   - La importancia de la persistencia en la oración......52
   - La importancia de saber escuchar en la oración......54

2. Explorando recursos para una comunicación íntima con Dios..57
   Salmo 95:6-8
   - Recursos para enriquecer nuestras oraciones.........58
   - Frases bíblicas para usar en nuestras oraciones.......67

3. Requisitos para activar las promesas de Dios...................71
   2 Crónicas 7:14-15
   - Orando con fe..72

Oraciones que activan promesas

ÍNDICE

- Orando con perdón, arrepentimiento y reconciliación..77
  - Orando con obediencia..........................81
  - Orando según la voluntad de Dios.........84

4. La oración del Maestro..................................87
   Lucas 11: 1- 4 | Mateo 6:9-13
   - La oración del Padre Nuestro.................90

5. Conozcamos al Dios que cumple sus promesas...............97
   2 Corintios 1:20

6. Oraciones que activan promesas....................107
   Jeremías 33:3
   - Conozcamos las promesas de Dios.......108
   - Ejemplos bíblicos de promesas cumplidas............120

7. Testimonios..123
   Salmos 66:16

8. La oración de fe..141
   Romanos 10:9-10

Oraciones que activan promesas

INTRODUCCIÓN

Siempre he creído en el poder de la oración; pero muchos años atrás, llegué a sentir algo de frustración cuando no encontraba las palabras adecuadas, casi siempre eran las mismas palabras, mis oraciones eran cortas y repetitivas, en parte esto era un obstáculo que me hacía desistir de orar con frecuencia, y prefería leer la biblia u otros libros; pero ese sentimiento se aumentaba más cuando escuchaba orar a otras personas con una facilidad de expresión divina. También creía que Dios no respondía inmediatamente a todas mis oraciones debido a mi forma de orar.

Y fue así como me propuse hacer algo para cambiar esto, porque más que hablar bonito como otras personas lo hacían, yo quería tener la seguridad que al hablar con Dios Él me escuchara no por mis palabras bonitas sino porque ellas llegaran a sus oídos y tocaran Su corazón.

Procuré algunos recursos que me ayudaran a mejorar mis oraciones, empecé a colocarlos en práctica y en un tiempo no muy largo comencé a ver que mis oraciones eran diferentes, que podía hablar con El Señor, de manera confiada y fluida.

Oraciones que activan promesas

Aprendí que la oración no es solo una lista de deseos, como si Dios fuera una lámpara de Aladino, sino que es una forma de conectarnos con Él y de experimentar su fidelidad y su poder.

Le doy gracias a Dios por inspirarme a escribir "*Oraciones que activan promesas*", y por colocar un profundo deseo en mi corazón de ayudar a través de este libro a muchas personas a que la oración sea su estilo de vida y que puedan experimentar el poder transformador de la oración en sus vidas.

A lo largo de mi caminar espiritual, he sido testigo de cómo la oración efectiva y basada en las promesas de Dios puede darnos consuelo, sanidad, dirección y victoria en todo momento.
Estoy convencida más aún de que las palabras que pronunciamos en comunión con nuestro Creador tienen un impacto significativo en nuestro diario vivir.

En este libro te invito a que exploremos juntos, los conceptos generales, la lucha con la oración y sugerencias para enfrentarla (déjame decirte que no estás solo/a, así como tú y yo seguro hemos tenido esa experiencia, Jesús y sus discípulos también experimentaron algunos momentos de lucha con la oración).

Oraciones que activan promesas

Además, a lo largo de estas páginas vas a encontrar ejemplos de oraciones sencillas pero inspiradoras y poderosas; donde después de cada oración hecha por mí, te invito a que escribas tu propia oración.

Como propósito de escribir este libro realicé una encuesta anónima a 60 personas sobre la oración, donde le pedí a los participantes contar sus experiencias vividas con oraciones contestadas, las cuales compartiré con ustedes, donde podremos ver cómo a través de sus oraciones con fe pudieron recibir milagros y activar sus promesas de sanidad, provisión, dirección y muchas otras más.

Mi mayor deseo es que todos los que lean este libro encuentren inspiración, aliento y un mayor acercamiento a la presencia de Dios a medida que oran y declaran su poderosa palabra.

Que cada página sea una invitación a una vida de oración dinámica y un recordatorio de que las promesas de Dios están disponibles para todos los que creemos y confiamos en El.

Prepárate para abrir las puertas de tu corazón y permitir que las palabras de estas oraciones te guíen hacia una experiencia espiritual renovada.

"La oración debe ser la llave del día y el cerrojo de la noche"
Charles Spurgeon

Oraciones que activan promesas

Oraciones que activan promesas

CAPÍTULO 1

LA ESENCIA DE LA ORACIÓN

"Estad siempre gozosos; orad sin cesar; dad gracias en todo, porque esta es la voluntad de Dios para con vosotros en Cristo Jesús"
1 Tesalonicenses 5:16 - 18

En este pasaje el apóstol Pablo nos enseña, cuatro aspectos fundamentales de la oración y la importancia de ellos en nuestras vidas:

1. *Estar siempre gozosos:* no significa que debamos ignorar el dolor, el sufrimiento o negar las dificultades que enfrentamos. La palabra nos exhorta a estar siempre gozosos porque el gozo es una expresión de la fe y la confianza en Dios, y a pesar de las dificultades y tribulaciones que enfrentamos en la vida, podemos encontrar consuelo y alegría en El. A lo largo de las escrituras Jesús nos invita a depositar nuestra esperanza en su amor y sus promesas recordándonos que su presencia y salvación son motivos suficientes para regocijarnos en cualquier circunstancia.

Oraciones que activan promesas

2. *Orar sin cesar:* implica mantener una actitud de comunión constante con Dios. La oración no se debe limitar a momentos específicos, sino que debe convertirse en un estilo de vida en el que buscamos la presencia y dirección de Dios en todo momento.

3. *Dar gracias en todo:* la oración no sólo consiste en pedir a Dios, sino también en expresar gratitud por sus bendiciones y su fidelidad. Reconocer y agradecer a Dios en todas las circunstancias nos ayuda a mantener una actitud de confianza y dependencia de Él.

En la Biblia, la ingratitud hacia Dios se menciona como una actitud pecaminosa y desfavorable (Romanos 1:21) que nos puede llevar al alejamiento de la presencia y la bendición de Dios. Puede generar sentimientos de resentimiento, amargura e insatisfacción constante lo cual puede afectar negativamente la paz interior y la felicidad personal.

4. *Voluntad de Dios:* este verso nos enseña que Dios quiere que su voluntad se cumpla en todos los que creemos en Jesús como nuestro Salvador, viviendo de acuerdo con sus enseñanzas, lo cual implica vivir con fe y obediencia a Él, para que podamos reflejar el amor y la gracia de Cristo en todo lo que hacemos.

Oraciones que activan promesas

LA NATURALEZA Y EL PROPÓSITO DE LA ORACIÓN

Cuando mencionamos la palabra oración muchos piensan en una costumbre religiosa y aburrida. ¿Es esto orar para ti?
La Biblia nos dice en <u>Marcos 1:35</u> que *Jesús se levantaba muy de madrugada, y se iba a lugares solitarios, buscando momentos de intimidad con El Padre en oración.*

Alguna vez te han preguntado *¿Qué significa orar para ti?*

En la encuesta que realicé, hice esta misma pregunta a los participantes; donde me gustó la respuesta de uno de ellos porque hizo una breve y simple descripción de lo que es la oración para un creyente cristiano.

"Orar es dialogar con mi padre celestial, es expresarle mis sentimientos e inquietudes y solicitar su guía para cada día de mi vida. Es agradecerle por su misericordia y gran amor como también escuchar su voz por medio de Su Espíritu Santo o de su palabra" (Anónimo)

En resumen, la oración es una manera sencilla y natural de conectarnos con Dios. A través de ella, podemos conocerlo, amarlo y adorarlo. Es el camino para comprender y alinearnos con Su voluntad. Es la vía para acceder a su reino, a su poder y a su gloria, y compartirlos con el mundo. También a través de la oración podemos experimentar su presencia y confiar en su provisión.

¿En la encuesta pregunté también?

¿Crees que la oración es algo fundamental en la vida de los seres humanos sin importar el credo religioso que practiques?

El 98.3% contestó que *sí*, esto trajo a mis pensamientos que históricamente vemos que Dios se comunicó directamente con los hombres desde el principio de la creación, como se muestra en el libro de Génesis, para Él es muy importante comunicarse con nosotros porque Él nos ama y desea tener una relación personal con cada uno de nosotros.

La comunicación con Dios nos permite conocer Su voluntad y recibir su guía en nuestras vidas. Él desea revelarnos su plan y propósito para cada uno de nosotros, y la comunicación es la forma en que podemos recibir esa dirección divina.

A través de la oración, Dios puede mostrarnos el camino correcto a seguir y brindarnos sabiduría para tomar decisiones importantes. A medida que nos acercamos a Él y escuchamos su voz a través de la Biblia y el Espíritu Santo, nuestra relación con Él se profundiza y nuestra fe se fortalece. La comunicación con Dios nos permite también, conocerlo mejor y experimentar su amor, su gracia y su favor en nuestras vidas.

En mi experiencia personal, he encontrado que la oración me da una sensación de paz y tranquilidad interior y me ayuda a liberar cualquier ansiedad o estrés que pueda estar sintiendo. Al hablar con Dios, puedo depositar mis cargas y preocupaciones en sus manos y confiar en que Él tiene el control de cada situación en mi vida. Además, la oración me ha ayudado a fortalecer mi fe como también mi relación con Él.

Al dedicar tiempo a orar y meditar en la palabra de Dios, he podido encontrar respuestas a mis preguntas y una guía para mi vida.

La oración me ha brindado la fuerza y la determinación para superar desafíos y dificultades, he aprendido a depender de Dios en todo momento y a confiar en su poder para ayudarme en todas las circunstancias, también me ha enseñado a entender que su respuesta no importa cuál sea debo aceptarla porque es su voluntad la cual siempre es justa y perfecta.

Oraciones que activan promesas

Si ya se lo que estas pensando: que suena muy bonito y fácil lo que he experimentado con la oración. Pero déjame decirte que parte de esto es precisamente de lo que quiero hablarte. Quiero animarte, y animarme, a no permitir que las circunstancias de nuestra vida diaria nos alejen de ese tiempo intimo con el Señor, evitando así que el temor, la duda y el enfriamiento espiritual tomen cuenta de nuestros sentimientos.

Dios habló con Adán y Eva en el jardín del Edén, y también se comunicó con Noé, Abraham, Moisés y muchos otros a lo largo del Antiguo Testamento.

Inclusive la biblia nos presenta el primer relato de comunicación en oración entre los hombres y Dios, específicamente en Génesis 4:26, allí se menciona que:

"a Set también le nació un hijo, y llamó su nombre Enós. Desde entonces los hombres comenzaron a invocar el nombre del Señor"

Este pasaje nos muestra que, desde los primeros descendientes de Adán y Eva, la humanidad comenzó a buscar a Dios y comunicarse con Él a través de la oración.

Aunque por un tiempo Dios dejó de hablar directamente a través de profetas y apariciones visibles, siempre animó desde los inicios a las personas a buscarlo en oración y a comunicarse con Él de manera personal.

20

Oraciones que activan promesas

Dios enseñó al pueblo de Israel a través de la oración muchas lecciones, y una de ellas fue sobre cuáles son los propósitos de la oración.

Cabe recordar que esos principios se encuentran hoy día vigentes, porque El Dios que los enseño, como dice en Hebreos 13:8 *"Jesucristo es el mismo ayer y hoy y lo será para siempre"*, nos anima a cada instante a que los pongamos en práctica en nuestro diario vivir.

- **A QUIÉN DEBEMOS DIRIGIR NUESTRAS ORACIONES**

Según el Antiguo Testamento, el pueblo de Israel recibió instrucciones sobre la importancia de orar a Dios a través de los profetas y líderes religiosos, como Moisés y los demás profetas posteriores.

En Jeremías 29:12-13 dice: *"Me invocaréis, y vendréis a rogarme, y yo os escucharé. Me buscaréis y me encontraréis, cuando me busquéis de todo corazón"*.

También se encuentran registrados en los libros de Éxodo, levítico, números y Deuteronomio enseñanzas y directrices específicas sobre la forma en que debían adorar a Dios y comunicarse con Él a través de la oración.

Oraciones que activan promesas

En el Nuevo Testamento en <u>Mateo 6:9</u>, Jesús enseña a sus discípulos cómo orar y comienza diciendo:
"Vosotros, pues, orareis así: Padre nuestro que estás en los cielos…"

Esta enseñanza clara de Jesús nos indica que debemos dirigir nuestras oraciones a Dios como nuestro Padre celestial. Además, en <u>Filipenses 4:6</u>, el apóstol Pablo exhorta a los creyentes diciendo:
"por nada estéis afanosos; sino sean conocidas vuestras peticiones delante de Dios en toda oración y ruego, con accion de gracias"
Orar al Padre implica reconocer Su autoridad, Su amor y Su voluntad sobre nuestras vidas.

La Palabra nos confirma que como cristianos debemos dirigir nuestras oraciones a Dios en el nombre de Jesucristo.

En <u>Juan 14: 13-14</u>, Jesús dijo: *"Y todo lo que pidáis en mi nombre, lo haré, para que el Padre sea glorificado en el Hijo. Si me pedís algo en mi nombre, yo lo haré"*

Jesús nos enseña a orar en su nombre, lo cual implica que podemos dirigir nuestras oraciones directamente a Él.

Oraciones que activan promesas

Al orar al hijo, reconocemos su divinidad, su poder y su intercesión en nuestras vidas.

Aunque no hay un versículo específico en la Biblia que nos instruya a orar directamente al Espíritu Santo, podemos ver ejemplos de oraciones dirigidas al Espíritu Santo en el libro de los Hechos. Por ejemplo, en Hechos 4:31, donde los creyentes estaban reunidos y oraban, y el lugar donde estaban reunidos fue sacudido, y todos fueron llenos del Espíritu Santo.

Otro ejemplo lo vemos en Romanos 8:26 *"y de la misma manera, El Espíritu nos ayuda en nuestra debilidad; porque no sabemos orar como debiéramos, pero el Espíritu mismo intercede por nosotros con gemidos que no pueden expresarse con palabras"*

Estas oraciones nos muestran la importancia de invocar al Espíritu Santo, para recibir su fortaleza, dirección, consuelo y fruto en nuestras vidas.

Es importante destacar que, aunque podemos orar directamente al Padre, al Hijo y al Espíritu Santo, debemos entender que los tres son una sola entidad divina, *la Trinidad.*

Oraciones que activan promesas

Orar a cada uno de ellos es una forma de relacionarnos con Dios en sus diferentes manifestaciones y roles en nuestra vida espiritual.

- **LOS DIFERENTES MODELOS DE ORACIÓN**

Existen diferentes tipos de oración los cuales podemos utilizar como guía al realizar nuestras oraciones:

1. **Oración de alabanza y adoración**: Se utiliza para honrar y exaltar a Dios.
Es una forma de expresar nuestro amor, gratitud y reverencia hacia Él.
Cuando la usamos reconocemos la supremacía de Dios sobre todas las cosas y nos humillamos ante su grandeza declarándolo el centro de nuestras vidas.

En la Biblia hay muchos ejemplos de este tipo de oración. Apocalipsis 4:11 *"Digno eres, Señor y Dios nuestro, de recibir la gloria, la honra y el poder, porque tú creaste todas las cosas, y por tu voluntad existen y fueron creadas"*

Esta frase es una expresión de adoración y reconocimiento a Dios como el creador supremo y soberano.

Oraciones que activan promesas

En este versículo, los seres vivientes y los 24 ancianos se postran ante Dios y le atribuyen la dignidad y la alabanza que le corresponde; recordemos además que cada uno de nosotros fue creado para adorar a Dios.

Cuando oramos en adoración, dejamos de concentrarnos en nosotros mismos y en nuestras dificultades o problemas, y empezamos a fijar la mirada en el único que es plenamente capaz de manejar cualquier situación.

En las escrituras al adorar a Dios recordamos quien es El, lo que Él ha hecho, su santidad y su grandeza.
Es un tipo de oración que debemos hacer todos los días, porque nos ayuda a expresarle nuestra gratitud, a fortalecer nuestra relación con El, cultivar un corazón humilde y enfocarnos en lo eterno.
Es una forma de mantenernos conectados con Dios y nutrir nuestra vida espiritual.

Mi Oración: "Dios todopoderoso, te alabo y te adoro con todo mi ser. Te exalto por tu grandeza, por tu amor eterno y tu fidelidad incomparable. En este momento, elevo hacia ti, mi voz y mi corazón en adoración. Eres digno de toda alabanza y te glorifico por tu poder y tu bondad.

Oraciones que activan promesas

Te adoro por tu sabiduría perfecta, por tu misericordia sin medida y por tu gracia abundante. Me rindo ante ti Señor, reconociendo que eres digno de toda alabanza y adoración. En cada latido de mi corazón y en cada palabra que pronuncio, deseo honrarte y magnificarte, eres mi salvador y mi rey, y te adoro con gratitud y reverencia.
En el nombre de Jesús, Amen"

<u>Tu Oración:</u>

2. **Oración de acción de gracias**: se centra en agradecer a Dios por las bendiciones que nos ha dado.
Es una forma de reconocer y agradecer a Dios por su provisión, protección y cuidado en nuestras vidas, además nos ayuda a concentrarnos en las cosas buenas y a desarrollar una actitud positiva delante de las circunstancias que podamos enfrentar, fortaleciendo nuestra fe y transformando nuestra perspectiva de honrar a Dios en todo momento a través de nuestras oraciones.

Tanto la oración de adoración como la de accion de gracias debemos realizarlas todos los días, demostrándole a Dios nuestra gratitud, humildad y confianza.
Ejemplo: <u>Juan 11:41-42</u> *"Entonces quitaron la piedra. Jesús alzó los ojos a lo alto, y dijo: Padre, <u>te doy gracias</u> porque me*

has oído. Yo sabía que siempre me oyes; pero lo dije por causa de la multitud que me rodea, para que crean que tú me has enviado"

En esta oración, Jesús da gracias a Dios el padre por haberle oído y por haberle dado el poder de resucitar a Lázaro. El reconoce que siempre puede contar con la ayuda de Dios y muestra su gratitud por su provisión y cuidado.

Mi Oración: "Amado padre celestial, vengo ante tu presencia con un corazón lleno de gratitud, para decirte gracias, Dios, muchas gracias por todas las bendiciones, grandes y pequeñas que has derramado sobre mí. Te doy gracias por cada nuevo día que puedo despertar y respirar. Gracias por la salud y por el alimento en mi mesa que nunca falta.

Reconozco que todo proviene de tu generosidad y provisión constante, te agradezco por las personas que has puesto en mi vida, por mi familia, amigos y seres queridos. Gracias por los momentos de alegría y también por los desafíos que me ayudan a crecer y aprender. Gracias por la capacidad de usar mis talentos y habilidades para marcar una diferencia en el mundo y para servir a los demás.

No puedo pasar por alto Padre, darte gracias por tu amor y tu gracia que me han dado salvación y redención al enviar a tu hijo amado a morir en la cruz por mis pecados. No merezco tu amor, pero lo acepto con humildad y gratitud.

Dios gracias por estar siempre presente en mi vida, por escuchar mis oraciones y por responderlas de maneras que a veces superan mis expectativas. Gracias por tu guía y dirección constante. Ayúdame a vivir cada día con gratitud y a honrar y glorificar tu Santo nombre en todo momento.

En el nombre de Jesús, Amen y Amen"

Tu Oración:

3. **Oración de petición**: se utiliza para pedir ayuda a Dios por nuestras necesidades y deseos. También la usamos para pedirle que nos ayude en nuestras luchas y dificultades y que nos conceda nuestras peticiones de acuerdo con su voluntad.

Hacer este tipo de oración nos permite reconocer nuestra dependencia de Dios, como también que Él es nuestro proveedor y que solo Él tiene el poder y la capacidad de satisfacer nuestras necesidades físicas, emocionales y espirituales.

Ejemplo: Salmos 86: 6-7

"Escucha, oh, SEÑOR, mi oración, y atiende a la voz de mis súplicas. En el día de la angustia te invocaré, porque sé que tú me responderás"

Oraciones que activan promesas

En esta oración el salmista está clamando a Dios en busca de su ayuda y protección en un momento de angustia. Expresa su confianza en que Dios escuchará y responderá a su oración.

Mi Oración: "Amado padre celestial, en este día me acerco humildemente ante ti para pedirte sabiduría y guía en mi vida. Sé que muchas veces me encuentro perdido/a, y confundido/a, sin saber cuál es el camino correcto a seguir. Te pido que ilumines mi mente y mi corazón, dándome claridad y discernimiento para tomar decisiones sabias. Sé que no puedo superarlos por mí cuenta, pero confío en tu amor y en tu poder para dirigirme por el camino que tú has preparado para mí.
Padre, te ruego que me ayudes en mi salud. (Si hay alguna enfermedad o dolencia en mi cuerpo), te pido que me restaures y me sanes, porque tú eres el médico de médicos, confío en tu poder sanador y en el poder de tus promesas.
Dios, te pido que me ayudes en mis relaciones.
(Si hay conflicto o tensión en mis relaciones con familiares, amigos o colegas), te pido que traigas paz y reconciliación. Ayúdame a ser comprensiva/o, amorosa/o y paciente con los demás.
También, te pido que me guíes en mi carrera o en la búsqueda de empleo. Ayúdame a encontrar el trabajo adecuado donde pueda utilizar mis talentos y habilidades para glorificarte y

servir a los demás. Abre puertas de oportunidad y provisión en mi vida laboral.

Dios, te pido que me ayudes en mis finanzas. (Si estoy pasando por dificultades económicas o luchando para llegar a fin de mes), te pido que me des sabiduría en la administración de mis recursos y que proveas de manera abundante mis necesidades.

Además, te pido que me guíes en mi vida espiritual. ayúdame a crecer en mi relación contigo, a conocer más de ti. Llena mi corazón con tu amor y dame un deseo constante de buscar tu presencia.

Dios, te presento todas estas peticiones y cualquier otra que llevo en mi corazón. Confío en que tú conoces mis necesidades antes de que yo las mencione y que tienes el poder para responderlas. Te pido que actúes de acuerdo con tu voluntad y que me des paz y confianza en tus planes para mi vida. En tu santo nombre, te pido estas cosas. Amén y amén"

Tu Oración:

4. **Oración de perdón**: la usamos para pedir perdón por los errores cometidos, reconociendo nuestras acciones o actitudes pecaminosas o que han causado daño a otros.

Es un momento de autoevaluación y humildad en el cual reconocemos nuestras imperfecciones. A través de estas oraciones buscamos arrepentimiento y reconciliación con Dios y con aquellos a quienes hemos lastimado.

También nos permite liberarnos del peso del pecado y encontrar la paz para poder vivir una vida en armonía con nosotros mismos y con los demás. Al confesar nuestras faltas y pedir perdón, nos abrimos a recibir la gracia y el perdón de Dios, experimentando su amor y misericordia en nuestras vidas.

Ejemplo: Salmo 51: 1-2
"Ten piedad de mí, oh, Dios, conforme a tu misericordia; conforme a lo inmenso de tu compasión, borra mis transgresiones. Lávame por completo de mi maldad, y límpiame de mi pecado"
En este versículo, el salmista reconoce su pecado y se acerca a Dios con humildad y arrepentimiento, pidiendo perdón. Expresa su deseo de ser limpiado y purificado por la gracia y misericordia de Dios. Es un ejemplo de cómo debemos acudir a Dios en busca de Su perdón y restauración cuando hemos fallado.

Mi Oración: "Querido Dios, hoy me acerco a ti con un corazón contrito y arrepentido. Reconozco que he fallado en muchas áreas de mi vida. Te pido humildemente que me perdones por mis malas acciones, por mis palabras hirientes,

Oraciones que activan promesas

mis actitudes egoístas y mi falta de amor y compasión hacia los demás.

Sé que no merezco tu gracia, pero confío en tu amor incondicional y en tu capacidad de perdonar.

Padre, te pido perdón por las veces en las que he actuado con orgullo y arrogancia, pensando solo en mí.

Me arrepiento por las veces en las que he herido a otros con mis palabras o acciones, y te pido que restaures las relaciones que he dañado. Señor, te pido perdón por las veces en las que he caído en tentación y pecado, reconozco que he fallado por no vivir de acuerdo con tus mandamientos.

Me duele saber que te he deshonrado y que me he alejado de tu camino.

Te pido que me purifiques y me ayudes a cambiar mi forma de pensar y actuar. Dios, te agradezco porque sé que eres un Dios de perdón y misericordia. Te pido que me llenes con tu Espíritu Santo y me ayudes a vivir una vida que sea digna de tu perdón.

Te pido que limpies mi corazón, me ayudes a cambiar y me des las fuerzas para enmendar mis errores. Te prometo, con tu ayuda, esforzarme por ser una mejor persona y tratar a los demás con amor y respeto. Gracias por tu misericordia y por tu perdón. En el nombre de Jesús, Amén"

<u>Tu Oración:</u>

Oraciones que activan promesas

5. **Oración de intercesión**:

Es una forma de oración para pedirle a Dios por las necesidades de otras personas, para que ayude a los demás en sus dificultades, enfermedades o problemas, y que los bendiga y proteja.

Por ejemplo, vemos en Romanos 15:30-33 que el apóstol Pablo pide a los Romanos que oren por él, para ser liberado de sus enemigos y que su trabajo en Jerusalén sea aceptable por sus hermanos en Cristo. También pide que Dios les conceda gozo y descanso.

Un ejemplo poderoso de intercesión es orar por nuestros hijos.

Salmos 127:3 dice que: *"los hijos son la herencia que Dios nos ha dado, y son una recompensa de su parte"*

Da gracias a Dios por ellos y por las bendiciones que han traído a tu vida. 1. Ora para que tengan una relación personal con Jesús. 2. Ora para que siempre sean valientes. 3. Ora para que sean responsables en toda área de su vida. 4. Ora para que tomen sabias decisiones. 5. Ora para que sean personas compasivas, humildes, pacientes y amorosas. 6. Ora para que sean íntegros. 7. Ora para que tengan salud. 8. Ora para que Dios los proteja de cualquier daño físico, emocional o espiritual. 9. Ora para que Dios les conceda amistades saludables y significativas y que les enseñe a amar y a perdonar a los demás.

Mi Oración por sanidad: "Dios amoroso y compasivo, vengo ante ti humildemente para pedirte que intercedas por la sanidad de [nombre de la persona]. Tu conoces muy bien su situación de enfermedad y el dolor que está experimentando. Te ruego que extiendas tu mano sanadora sobre su cuerpo y su mente, y que restaures su salud por completo.

Tú eres el Dios que tiene el poder de sanar todas las enfermedades y dolencias, así como dice tu palabra en Isaías 53:4-5 *"Tú cargaste nuestras enfermedades y soportaste nuestros dolores, fuiste traspasado por nuestras rebeliones, molido por nuestros pecados, sobre ti recayó el castigo de nuestra paz, pero gracias a tus heridas fuimos sanados."*

Te pido que guíes a los médicos y profesionales de la salud que están tratándolo/a, para que tomen las decisiones correctas y encuentren la mejor manera de tratar su condición. Derrama tu paz y consuelo sobre él/ella y sus seres queridos mientras pasan por este tiempo difícil. Permítenos sentir tu presencia y tu amor sanador en cada momento. Confiamos en tu poder y en tu voluntad de hacer milagros. En el nombre de Jesús, Amén"

Oraciones que activan promesas

Tu Oración:

Mi oración por dificultades financieras "Querido Dios, te ruego que intercedas por: [nombre de la persona] en sus asuntos financieros. Solo tú conoces su situación y las dificultades que está enfrentando.

Te pido que le brindes sabiduría para tomar decisiones financieras acertadas y que le guíes hacia oportunidades que le permitan mejorar su situación económica. Bendícelo con recursos suficientes para cubrir sus necesidades y las de su familia.

Abre puertas de empleo o de negocios que le permitan prosperar y salir adelante. Te pido que le des paz y confianza en medio de sus preocupaciones, recordándole que tú eres su proveedor y que nunca nos abandonas. En el nombre de Jesús, Amen"

Tu Oración:

- **LA LUCHA CON LA ORACIÓN**

Esta es una realidad que podemos experimentar todos sin excepción, al enfrentar desafíos y obstáculos que dificultan nuestra vida de oración. Así que si has pasado por esta vivencia no te desanimes porque no eres la única persona a la que le puede pasar.

Saber que Jesús, aun siendo Dios también se enfrentó a algunos obstáculos, nos da seguridad para no desanimarnos y aprender a buscar soluciones.

<u>Lucas 22: 41 - 44</u> *"Y se apartó de ellos como a un tiro de piedra, y poniéndose de rodillas, oraba, diciendo: Padre, si es tu voluntad, aparta de mí esta copa; pero no se haga mi voluntad, sino la tuya. Entonces se le apareció un ángel del cielo, fortaleciéndole. Y estando en agonía, oraba con mucho fervor; y su sudor se volvió como gruesas gotas de sangre, que caían sobre la tierra"*

Esta cita bíblica nos muestra la lucha de Jesús con la oración en el jardín de Getsemaní, cuando se acercaba el momento de enfrentar la crucifixión. Jesús experimentó una gran tristeza y angustia, y oró al Padre, pidiéndole que, si era posible, apartara de Él el sufrimiento que estaba por venir. Sin embargo, Jesús también reconoció la importancia de someterse a la voluntad del Padre y aceptar su plan.

A pesar de su angustia, Jesús continuó orando con intensidad y fue fortalecido por un ángel del cielo.

Jesús nos enseña en este pasaje que sin importar que tan difícil o dolorosa sea la prueba que estemos atravesando debemos buscarlo en oración y obedecer su voluntad para así poder obtener sus promesas, así como Él lo hizo.

Existen múltiples razones que pueden obstaculizar y apartarnos de nuestro tiempo de oración.

¿En la encuesta realice esta pregunta?
¿Cuál es tu mayor obstáculo para mantener el hábito de la oración?

Aunque hubo un grupo muy pequeño que dijo no tener problemas, la gran mayoría contestó: la falta de concentración, las distracciones, el tiempo, las ocupaciones diarias, cansancio y sueño, desánimo, pérdida de fe, enfriamiento espiritual, no es mi prioridad.

Hubo un grupo también pequeño que respondieron que la tentación y el pecado, el egoísmo y el orgullo habían sido sus obstáculos.

Recuerda que la oración es una práctica personal y única. Encuentra lo que funcione mejor para ti y no te desanimes si experimentas obstáculos en el camino.

Mantén una actitud abierta y receptiva hacia Dios, confía qué Él está siempre presente y dispuesto a escucharte.

Oraciones que activan promesas

Aquí te comparto algunas soluciones a los obstáculos más frecuentes. deseando te puedan ayudar y animar a reactivar tu vida de oración.

1. Falta de tiempo: vivimos en una sociedad ocupada y frenética, donde el tiempo se vuelve un recurso escaso. La falta de tiempo puede hacer que posterguemos o descuidemos nuestra vida de oración.

Solución: Organiza tu agenda diaria y reserva un tiempo específico para la oración. Aprovecha algunos momentos como cuando te estás bañando, cuando estés dirigiendo en tu automóvil a cualquier lugar no importa si son 5 o 10 minutos, también puedes sacar un tiempo cuando montes bicicleta o salgas a caminar o a pasear a tu mascota; prioriza tu relación con Dios y haz de la oración una parte no negociable de tu rutina diaria.

2. Distracciones: Estamos constantemente rodeados de distracciones, como las redes sociales, la televisión, el trabajo, los compromisos sociales, entre otros. Estas distracciones pueden dificultar nuestra capacidad de concentrarnos y tener un tiempo de oración significativo.

Solución: intenta eliminar las distracciones durante tu tiempo de oración. Apaga el teléfono celular, desconéctate del televisor o de las redes sociales y busca un lugar tranquilo donde puedas concentrarte en la presencia de Dios.

3. Falta de disciplina: la disciplina es fundamental para establecer una rutina de cualquier tipo y la oración no es la excepción. Si no somos disciplinados, es fácil posponer o dejar de lado nuestro tiempo de oración.

Solución: Establece metas realistas y alcanzables para tu tiempo de oración. Comienza con pequeños intervalos de tiempo y ve aumentando gradualmente. Mantén el compromiso contigo mismo y sé constante en tu práctica de oración.

4. Desmotivación: En ocasiones podemos sentirnos desanimados para orar. Esto puede deberse a diversas razones, como una crisis de fe, dudas, o desilusiones.

Solución: Reflexiona sobre la importancia de la oración y los beneficios que te brinda. Busca compañía para orar, unirnos a un grupo de oración puede ser muy motivador, compartir experiencias y orar con otras personas puede brindarnos apoyo y aliento, y ayudarnos a mantener viva la motivación.

No te preocupes porque cada oración sea perfecta o tenga una estructura específica, recuerda que la oración es una conversación personal con Dios, y lo más importante es la sinceridad y disposición para comunicarnos con Él, recuerda también que Dios siempre está disponible para escucharnos sin juzgarnos y responder a nuestras oraciones de acuerdo con sus propósitos.

6. **La tentación y el pecado:** Son una realidad en la vida de nosotros los seres humanos, la presencia de pecado en nuestras vidas puede crear una separación entre nosotros y Dios. la Biblia dice que *"si observo iniquidad en mi corazón, El Señor no me escuchara"* Salmo 66:18.

Este versículo enfatiza la importancia de mantener un corazón limpio y libre de maldad. Y si nos aferramos al pecado y no nos arrepentimos, podemos experimentar una sensación de alejamiento de la presencia y el poder del Espíritu Santo. También nos muestra que hay una conexión entre el pecado y la obstrucción de nuestras oraciones, pero, aunque todos somos pecadores, Dios a través de su gracia y misericordia está dispuesto a perdonarnos y restaurar nuestra relación con El.

Oraciones que activan promesas

Solución: Reconoce que eres vulnerable a la tentación y al pecado. Pídele que te ayude a reconocer tus debilidades y a resistir la tentación. Si has pecado confiésale tu pecado y pídele perdón a Dios, pídele que te fortalezca y te dé la sabiduría para tomar decisiones sabias y justas que te alejen del pecado. Perdónate y sigue adelante, recuerda que vencer la tentación y el pecado con tus propias fuerzas no es tan fácil, es un proceso que requiere de mucha dedicación y fuerza de voluntad; verás como Él te guía en un camino de victoria y libertad.

7. **El egoísmo**: Cuando nuestras oraciones están motivadas principalmente por nuestros propios deseos y necesidades egoístas, en lugar de buscar la voluntad de Dios, puede ser difícil recibir una respuesta favorable.
1 Juan 5:14 dice *"Y esta es la confianza que tenemos en Él, que, si pedimos cualquier cosa conforme a su voluntad, Él nos oye."* Y en Mateo 6:33 que debemos *"buscar primero el reino de Dios y su justicia."*

Solución: Cultiva la empatía y la compasión hacia los demás. Trata de ponerte en el lugar de los otros y entender sus necesidades y dificultades. Orar por los demás, en lugar de centrar nuestras oraciones únicamente en nuestras propias necesidades y deseos, esta es una buena práctica que ayuda a disipar nuestro egoísmo.

Otra solución es practicar la generosidad sin importar a quien, al ser generosos, abandonamos el enfoque en nosotros mismos y nos abrimos a la gracia y la bondad de Dios.

Reflexionar sobre las bendiciones recibidas nos ayuda a cambiar la perspectiva y a abrirnos a las necesidades de los demás ya que el egoísmo a menudo surge de una falta de reconocimiento y agradecimiento por las bendiciones que hemos recibido en nuestras vidas.

Y uno de los puntos más importantes es rendirnos a la voluntad de Dios en lugar de buscar nuestras propias metas y deseos egoístas en nuestras oraciones, esto implica confiar en que Dios tiene un propósito más grande y mejores planes para todos nosotros.

Al renunciar al egoísmo y buscar la voluntad de Dios, permitimos que nuestras oraciones sean más efectivas y alineadas con su plan.

8. **El orgullo**: Es una actitud de autosuficiencia y arrogancia que nos aleja de la humildad y la dependencia de Dios. La palabra nos enseña que *"Dios resiste a los orgullosos, pero da gracia a los humildes."* Santiago 4:6.

Oraciones que activan promesas

Si dejamos que el orgullo gobierne nuestras vidas, es menos probable que busquemos a Dios en oración y abramos nuestro corazón a su voluntad.

Solución: Si somos conscientes de que el orgullo ha bloqueado nuestras oraciones es necesario arrepentirnos sinceramente ante Dios.

Reconocer nuestras actitudes orgullosas y pedir humildad es fundamental para restablecer nuestra relación con El.
Al practicar la humildad y cultivar una actitud de gratitud nos ayuda a mantenernos conscientes de la bondad de Dios y a reconocer que todo lo que tenemos es un regalo suyo que solo proviene de Él, y no de nuestras propias habilidades o logros.
Buscar la voluntad de Dios en lugar de imponer nuestras propias ideas y deseos en nuestras oraciones esto implica estar dispuesto a aceptar su plan y sus tiempos, incluso si difieren de los nuestros. Al buscar su voluntad dejamos de lado el orgullo y abrimos espacio para que Él trabaje en nuestras vidas.

- **LAS RESPUESTAS DE DIOS A NUESTRAS ORACIONES**

¿Cómo responde Dios a nuestras oraciones?

Oraciones que activan promesas

No se puede predecir con exactitud cómo Dios responderá a nuestras oraciones, ya que es una cuestión de fe y del plan que Dios tiene para cada uno de nosotros.

Sin embargo, la Biblia nos proporciona varios ejemplos de cómo Dios puede responder nuestras oraciones de diferentes maneras ya que su voluntad es siempre perfecta y justa, obrando en armonía con su sabiduría infinita.

1. **Respuesta inmediata**: en el libro de Daniel, el profeta oró y Dios envió a un ángel para responder su oración de manera inmediata y llena de gracia. Daniel 9: 23

2. **Respuesta diferida**: en el libro de Génesis, Abraham y Sara oraron por un hijo durante muchos años, y Dios finalmente respondió a su oración dando a luz a Isaac en su vejez. Génesis 21: 1-7

3. **Respuesta diferente**: en el libro de Éxodo, Moisés oró para que Dios le permitiera entrar en la tierra prometida, pero en lugar de, Dios le mostró la tierra desde lo alto de una montaña y le dijo: *"Te he permitido verlo con tus propios ojos, pero no podrás entrar en él."* Deuteronomio 34 :1-4

4. **Respuesta negativa**: en 2 Samuel 12: 15-23

Oraciones que activan promesas

El rey David oró y ayunó por la vida de su hijo enfermo, pero Dios decidió llevarse al niño. Este versículo nos enseña que, si bien debemos buscar a Dios en oración y ayuno, también debemos confiar en su soberanía y aceptar su voluntad, incluso cuando no entendemos completamente sus caminos. Este pasaje nos anima también a encontrar consuelo en la promesa de la vida después de la muerte.

5. **Respuesta en forma de dirección**: en el libro de Proverbios, se nos enseña que cuando buscamos la sabiduría de Dios a través de la oración, Él nos guiará y nos dará discernimiento en nuestras decisiones. Proverbios 3:5-6

- **NUESTRAS REACCIONES**

La Forma en que los seres humanos reaccionamos a la respuesta de Dios a nuestras oraciones pueden variar según cada persona y situación. Sin embargo, voy a compartirles algunas reacciones comunes:

Alegría y gratitud: Cuando Dios responde *afirmativamente* a nuestras oraciones, podemos sentir alegría y gratitud hacia Él por escucharnos y responder a nuestras necesidades y deseos.

Ahí es cuando salimos corriendo a contarle a todos que Dios nos ha bendecido, ahora más que nunca asistimos a la iglesia y no nos cambiamos por nadie y no está mal, todo lo contrario, debemos testificar de las maravillas que Dios hace en nuestras vidas, pero también debemos entender que no siempre Dios nos va a contestar que sí y debemos aceptar su respuesta de igual manera sin importar si es diferente a la que estábamos esperando.

Desilusión o tristeza: Si Dios responde ***no*** a nuestras peticiones, es posible que nos sintamos tristes o incluso enojados.

Puede ser difícil aceptar que nuestros deseos no se cumplan, especialmente si esperábamos algo específico, muchas veces tomamos una actitud negativa y es cuando nos alejamos de familiares y amigos, dejamos de orar, comenzamos a culparnos y a buscar pecados en nosotros o nuestro esposo/a, o hijos para justificar la respuesta negativa de parte de Dios. Y no está mal que por un segundo sintamos tristeza o desilusión, pero debemos entender que si Él nos dijo *no* es porque *no* era lo mejor para nosotros.

Frustración o impaciencia: Si Dios nos pide que ***esperemos su tiempo***, es posible que nos sintamos frustrados o impacientes. La espera puede ser difícil y puede generar ansiedad o dudas sobre si nuestras oraciones serán respondidas.

Muchas veces nos adelantamos a su respuesta y muchas veces también por impaciencia tomamos la decisión que más creemos nos conviene porque es lo que queríamos que Él nos respondiera.

Confusión o falta de comprensión: En ocasiones, las respuestas de Dios pueden no ser claras o pueden ser ***diferentes a lo que esperábamos***. Esto puede generar confusión o falta de comprensión sobre su voluntad y propósito.

Fortaleza y paciencia: Al enfrentar respuestas de ***no o espera,*** algunas personas toman una actitud positiva y así encuentran fortaleza y paciencia en su relación con Dios. Debemos confiar en que Él tiene un plan más grande y sabio para nuestras vidas y estamos dispuestos a esperar y confiar en su dirección.

Es importante tener en cuenta que estas reacciones son naturales y humanas. Sin embargo, *la biblia nos anima a:*

1. **Aceptar su voluntad**: Debemos estar dispuestos a aceptar y someternos a la voluntad de Dios, incluso si no es lo que esperábamos o deseábamos.

2. **Confianza y Fe**: debemos confiar en que Dios sabe lo que es mejor para nosotros y tener fe en que Él proveerá y cuidará de nosotros.

3. **Agradecimiento**: debemos ser agradecidos por las

respuestas de Dios, ya sean afirmativas, negativas o diferidas, reconociendo que Él siempre tiene nuestro bienestar en mente.

4. **Perseverancia**: debemos perseverar en la oración, incluso si parece que Dios no está respondiendo de inmediato. Debemos continuar buscándolo y confiando en que Él nos escucha.

• LA IMPORTANCIA DE ORAR CON AUTORIDAD

Te has puesto a pensar, cuantas promesas Dios tiene para nosotros y no las hemos recibido debido a que no sabemos cómo pedirlas, porque muchas veces acudimos a Él indecisos y llenos de temor.

Las escrituras nos dicen en Hebreos 4:16
"Por tanto, acerquémonos con confianza al Trono de la gracia para que recibamos misericordia, y hallemos gracia para la ayuda oportuna"
y en 2 Timoteo 1:7 *"Porque no nos ha dado Dios espíritu de cobardía, sino de poder, de amor y de dominio propio".*

Estos versículos nos exhortan a acercarnos a Dios sin temor ni duda, confiando en su amor y disposición para escucharnos.

Oraciones que activan promesas

Jesús es nuestro intermediario con Dios el Padre y *debemos acudir a Él con la misma autoridad que Él le dio al hijo, en el cielo y en la tierra* Mateo 28:18.

Las escrituras nos dicen que Jesús también dio de esa autoridad y poder a los discípulos para que cumplieran la voluntad de Dios Mateo 10:1 *"Jesús reunió a sus 12 discípulos y les dio autoridad para expulsar a los espíritus inmundos y para sanar toda enfermedad y dolencia."*

También nos dio el poder más sobrenatural y milagroso que puede existir:

Hechos 1:8 *"pero recibiréis poder, cuando haya venido sobre vosotros el Espíritu Santo"*

Debido a esto podemos orar con autoridad, creyendo que Dios nos escuchará y aceptará nuestras oraciones.

Un ejemplo en la biblia de oración con autoridad se describe en 1 Reyes 18:36-39

"Había llegado el momento crucial en la historia de Israel. El profeta Elías se había enfrentado al rey Acáb y a los profetas de Baal en una batalla por el verdadero Dios. Elías había retado a los profetas de Baal a un duelo de sacrificios para demostrar quién era el Dios verdadero. Elías, confiado en el poder de Dios, había construido un altar y lo había preparado para el sacrificio. Mientras los profetas de Baal clamaban y

Oraciones que activan promesas

se cortaban, <u>Elías confiadamente se acercó al altar y dijo una sencilla oración:</u>
"Señor Dios de Abraham, de Isaac y de Israel, que todos sepan hoy que tú eres Dios en Israel, y que yo soy tu siervo, y he hecho todo esto en obediencia a tu palabra. Respóndeme, Señor, respóndeme, para que este pueblo sepa que tú, Señor, eres el Dios verdadero, y que has convertido sus corazones."
En ese momento, el fuego del cielo descendió y consumió el sacrificio, la madera, las piedras y hasta el agua que había sido derramada sobre el altar. El pueblo, asombrado, se postró y adoró al Dios de Israel, reconociendo su poder y Su autoridad.

Esta historia nos enseña la importancia de confiar en Dios y de creer en su poder. A veces nos enfrentamos a situaciones en las que parece que el mal prevalece y que el mundo está en contra de nosotros. Pero al igual que Elías, debemos recordar que Dios siempre está con nosotros y que Él tiene el poder para cambiar cualquier situación.

Así como Elías oró, *debemos orar con autoridad, con fe y confianza en el poder de Dios, sabiendo que Él es capaz de obrar milagros en nuestra vida y demostrar su grandeza a aquellos que nos rodean.*

Oraciones que activan promesas

Debemos saber también que orar con autoridad no significa que le daremos órdenes a Dios para que responda nuestras oraciones como nosotros queremos, porque eso sería orgullo y todo lo contrario debemos orar con humildad como lo hizo el profeta Elías, porque cuando somos humildes delante de Dios estamos reconociendo que somos inferiores a Él, reconocemos nuestras limitaciones como seres humanos y que debemos depender completamente de Él, buscando su voluntad y siguiendo sus mandamientos.

En resumen, *la clave para orar con autoridad* implica *tener confianza y fe en el poder de Dios, es orar reconociendo su autoridad y de acuerdo con Su voluntad,* y para saber cuál es su voluntad debemos conocer sus pensamientos y para saber cómo Dios piensa debemos impregnarnos de Su palabra.

Mi Oración: "Padre Eterno, hoy vengo ante tu presencia confiando plenamente en tu poder y fidelidad. Sé que tienes el control de todas las cosas y que escuchas mis peticiones.
En este momento, te pido que sanes a mi ser querido que está enfermo.
Reconozco que Tú eres El único Dios sanador que tiene la autoridad y el poder para restaurar su salud completamente. Reclamo tu promesa de sanidad y declaro que, en el nombre de Jesús, toda enfermedad y dolencia son vencidas.

Te pido, Señor, que envíes tus ángeles para que rodeen a mi ser querido y lo protejan. Que tu paz y consuelo llenen su corazón y que tu gracia lo fortalezca en este tiempo de enfermedad.

Te agradezco, Dios, porque sé que estás obrando en su vida y que tu propósito se cumplirá.

También te pido, Señor, que guíes mis pasos y me muestres tu voluntad en cada área de mi vida.

Ayúdame a ser obediente a tus mandamientos y a vivir una vida conforme a tu palabra. Sé que en ti tengo la autoridad para vencer cualquier obstáculo y desafío que se presente en mi camino.

Gracias, Padre, por escuchar mi oración y por tu amor incondicional. Confío en que responderás de acuerdo con tu perfecta voluntad. En el nombre de Jesús, tu hijo amado, amen y amen"

<u>Tu Oración:</u>

- ## **LA IMPORTANCIA DE LA PERSISTENCIA EN LA ORACIÓN**

En la Biblia, se enfatiza la importancia de la persistencia en la oración como una forma de comunicación continua y confiada con Dios.

Oraciones que activan promesas

A través de varias historias y enseñanzas, se nos muestra el impacto positivo que tiene la persistencia en nuestra relación con Dios.

Un pasaje que destaca esta importancia es Lucas 18:1-8 conocido como *la parábola de la viuda persistente.*

Jesús cuenta la historia de una viuda que busca justicia ante un juez injusto. Aunque el juez no tiene temor de Dios ni respeta a los demás, la viuda persiste en su petición y finalmente el juez decide hacer justicia por ella.

Podemos ver lo importante qué era para Jesús *"enseñarles a los discípulos que ellos debían orar en todo tiempo, y no desfallecer."* Lucas 18:1

Y más interesante aun es ver que Jesús concluye esta parábola recalcándoles que sin importar las circunstancias deben mantenerse orando en todo tiempo:

"Y acaso Dios no hará justicia a sus escogidos, que claman a El día y noche?" Lucas 18:7

Esta parábola de Jesús nos enseña sobre la importancia de la perseverancia en la oración y la importancia de no rendirnos en nuestras peticiones y súplicas a Dios.

Jesús nos anima a orar siempre y no desmayar, nos enseña que no debemos desistir, sino que debemos ser persistentes y constantes, incluso cuando no vemos una respuesta inmediata.

La perseverancia en la oración demuestra nuestra fe y confianza en Dios. Jesús nos recuerda también que Dios es un Padre amoroso y fiel que escucha nuestras oraciones.

Nos anima a confiar en que Dios responderá a nuestras peticiones de acuerdo con su voluntad y a su tiempo.

Aunque no veamos resultados inmediatos, debemos confiar en que Dios está obrando detrás de escena. En este versículo Jesús también nos está exhortando a no desmayar en la oración y nos advierte sobre la lucha contra el desánimo y la desesperanza.

En momentos de dificultades o cuando parece que nuestras oraciones no son respondidas, es fácil desanimarse y rendirnos. Sin embargo, Jesús nos insta a perseverar y creer en Él incluso en medio de los desafíos.

Debemos aprender que a veces, Dios puede estar trabajando en formas que no entendemos, y que debemos confiar en su soberanía y seguir orando sin cesar.

• LA IMPORTANCIA DE SABER ESCUCHAR EN LA ORACIÓN

Radica en nuestra relación con Dios y en nuestra disposición a escuchar su voz. La oración no debe ser simplemente un monólogo en el que solo hablamos y pedimos a Dios, sino que también debemos estar dispuestos a escuchar lo que Él quiere decirnos.

Pero no te desanimes si de primera no lo consigues, no es tan fácil como decir voy a orar porque voy a escuchar a Dios. Escuchar la voz de Dios en la oración puede ser un desafío, recuerda que es un proceso gradual y personal, que requiere de humildad, paciencia y disposición.

Juan 10:27 dice: *"Mis ovejas oyen mi voz; Yo las conozco y ellas me siguen"*.
Aquí Jesús nos muestra que, como creyentes, debemos estar con la mente abierta y dispuestos a escuchar Su voz, ya sea a través de su palabra o de su Espíritu Santo.
Escuchar a Dios nos permite alinearnos con Su voluntad, entender Sus propósitos y recibir Su dirección en nuestras vidas.

Estos son algunos consejos que nos pueden ayudar a escuchar la voz de Dios:

1. Encuentra un lugar tranquilo donde puedas estar en

Oraciones que activan promesas

silencio y sin distracciones. Establece un horario regular para orar, para que puedas crear un ambiente propicio para escuchar a Dios.

2. Lee la Biblia regularmente. La palabra de Dios es una forma clave en la que Él se comunica con nosotros.

3. Mantén un corazón abierto y receptivo, dispuesto a escuchar lo que Él tiene para decirte. Deja de lado tus propias ideas y expectativas preconcebidas, y ábrete a escuchar la dirección y el mensaje de Dios.

4. Tomate un tiempo para meditar y contemplar la presencia de Dios. Silencia tu mente y permite que Dios te hable.
Recuerda que no siempre es fácil escuchar la voz de Dios en la oración, pero con práctica y perseverancia, podemos cultivar una mayor sensibilidad espiritual.

Oraciones que activan promesas

CAPÍTULO 2

EXPLORANDO RECURSOS PARA UNA COMUNICACIÓN ÍNTIMA CON DIOS

"¡Vengan, postrémonos reverentes! ¡Doblemos la rodilla ante el Señor nuestro Hacedor! Porque él es nuestro Dios y nosotros somos el pueblo de su prado; somos un rebaño bajo su cuidado. Si ustedes oyen hoy su voz, no endurezcan sus corazones, como en Meribá, como aquel día en Masá, en el desierto,"

Salmo 95:6-8

En este versículo, el salmista nos recuerda la importancia de una comunicación íntima con Dios, nos pide que nos postremos ante Él para adorarlo, reconociendo que Él es nuestro creador y nosotros su pueblo. Este pasaje nos invita a no endurecer nuestros corazones. Nos enseña la necesidad de reconocer sus caminos y de no alejarnos de Él, exhortándonos a buscar Su presencia y mantener una conexión más profunda con Dios, para que podamos experimentar Su paz y Su consuelo en nuestras vidas.

Oraciones que activan promesas

• RECURSOS QUE PODEMOS UTILIZAR PARA ENRIQUECER NUESTRAS ORACIONES

1. La Biblia: La Palabra de Dios es una fuente invaluable para aprender a orar. Podemos estudiar los salmos y las oraciones de los personajes bíblicos para obtener inspiración y guía en nuestro propio tiempo de oración.

Aprender a orar a través de la lectura de la Palabra de Dios puede ser una forma poderosa de fortalecer nuestra vida de oración. Te comparto algunos consejos que puedes seguir:

* **Establece un tiempo diario para leer la Biblia:** Dedica un momento específico cada día para leer las Escrituras. Incorpora las enseñanzas bíblicas en tus oraciones.

A medida que lees la Biblia, encontrarás principios y promesas que puedes incluir en tus oraciones. Utiliza las palabras y los conceptos bíblicos para formular tus peticiones y alabanzas a Dios.

***Fichas o tarjetas de memoria:** Te recomiendo mucho este recurso el cual siempre me ha dado muy buenos resultados.

Oraciones que activan promesas

Es una técnica de estudio muy efectiva para ayudar a recordar información.

Escoge versículos que te impacten o que se relacionen con tu circunstancia, escríbelos, memorízalos y analízalos, esto te ayudará a familiarizarte con las palabras y los pensamientos de Dios y te brindará una base sólida para tu oración.

Ejemplo: Salmo 46:1 dice:

"Dios es nuestro refugio y nuestra fortaleza, una ayuda siempre disponible en tiempos de angustia."

Este versículo es una promesa de Dios de que siempre estará aquí para nosotros cuando necesitemos ayuda.

Esto significa que, cuando nos sentimos tristes o desesperados, podemos acudir a Él en busca de consuelo y paz.

Esta promesa de Dios nos recuerda que no estamos solos, que, aunque la vida sea difícil, Dios siempre está con nosotros para darnos esperanza. Nos recuerda que, aunque no podamos verlo, Él está trabajando a nuestro favor en todas las circunstancias y nos anima a tener fe y esperanza en medio de

Oraciones que activan promesas

los tiempos complicados, nos recuerda también que Dios siempre está disponible para ayudarnos, nunca deja nuestra llamada en espera o nos dice deje su mensaje de voz y cuando pueda te devolveré la llamada.

Mi Oración: "Querido Dios, te agradezco por ser mi refugio y mi fortaleza en momentos de angustia. Sé que puedo acudir a Ti en cualquier momento y confío en que estarás allí para ayudarme. En medio de las dificultades y desafíos de la vida, me consuela saber que estás a mi lado, dándome fuerzas y tranquilidad. Ayúdame a mantener la fe y la esperanza en Ti, sabiendo que siempre estás trabajando a mi favor. Gracias, Señor, por tu amor incondicional y tu constante presencia en mi vida. Amén"

Tu Oración:

* **Medita en los pasajes bíblicos:** Intenta no leer la Biblia a la carrera, tómate tu tiempo para reflexionar y meditar en los versículos que leas. Considera cómo se relacionan con tu vida, qué enseñanzas o promesas contienen y cómo puedes aplicarlos a tu propia experiencia.

Oraciones que activan promesas

Ejemplo: Proverbios 16:9 dice: *"El corazón del hombre traza su rumbo, pero sus pasos los dirige el Señor".*

Este versículo nos enseña que, aunque nosotros hagamos nuestros planes y tracemos nuestros caminos, es El Señor quien dirige nuestros pasos y tiene el control sobre nuestras vidas. A veces, podemos sentirnos abrumados por las decisiones que tenemos que tomar o por las circunstancias que enfrentamos, pero este versículo nos recuerda que no estamos solos. Dios está a cargo y guía nuestros pasos de acuerdo con Su voluntad. Esto nos da consuelo y nos ayuda a confiar en que Él tiene un propósito y un plan perfecto para nosotros.

Nos anima a depender de Dios en todas nuestras decisiones y a buscar Su dirección en cada aspecto de nuestras vidas.

Este versículo nos muestra que, aunque no siempre comprendemos el camino por el que nos lleva, podemos confiar en que Dios tiene el control y está trabajando todas las cosas para nuestro bien.

*Utiliza los salmos como guía de oración: Los salmos son una gran fuente de inspiración para la oración.

Oraciones que activan promesas

Han sido para mí una herramienta de mucha ayuda, también he escogido algunos versículos claves de los salmos, los cuales acostumbro a usarlos como base para mis oraciones. A través de ellos era cómo los salmistas se acercaban a Dios, expresaban sus emociones y buscaban su guía. Puedes memorizarlos y usarlos como modelos para tus propias oraciones, adaptando sus palabras y conceptos a tu propia situación.

Ejemplo: Salmo 121

"Levantaré mis ojos a los montes; ¿de dónde vendrá mi socorro? 2 mi socorro viene del Señor, que hizo los cielos y la tierra. 3 no permitirá que tu pie resbale; no se adormecerá el que te guarda. 4 he aquí, no se adormecerá ni dormirá el que guarda a Israel. 5 el Señor es tu guardador; El Señor es tu sombra a tu mano derecha. 6 el sol no te herirá de día, ni la luna de noche. 7 el Señor te protegerá de todo mal; El guardará tu alma. 8 el Señor guardará tu salida y tu entrada desde ahora y para siempre".

Mi Oración: "Señor, levanto mis ojos hacia ti, confiando en que mi ayuda proviene de El creador de todo lo que existe. Padre Celestial, te suplico que cumplas esta promesa en mi vida, que me protejas de todo peligro y me cuides en cada paso que doy. Sé que en ti está mi fortaleza y mi seguridad, no permitas que mis pies resbalen ni que el enemigo tenga poder sobre mí. Cubre mi camino con tu gracia y tu amor. Señor, te pido que me libres de todo mal y me guíes por el camino de la justicia, que tu presencia sea mi refugio y mi abrigo en todo momento. Gracias porque sé que no duermes para cuidar mis entradas y mis salidas, por eso puedo confiar en ti y descansar en tu amor. Te entrego mi vida y mis preocupaciones, sabiendo que tú tienes el control absoluto. En el nombre de Jesús, Amén"

Tu Oración:

* **Escucha al Espíritu Santo:** Al leer la Palabra de Dios, pide al Espíritu Santo que te guíe y revele su significado más profundo. Permítele que te hable a través de las escrituras y te muestre cómo aplicarlas a tu vida y a tus oraciones.

Recuerda que aprender a orar a través de la lectura de la Palabra de Dios es un proceso continuo. A medida que nos sumergimos más en la Biblia, desarrollamos una mayor comprensión de los pensamientos, la voluntad de Dios y una conexión más profunda con Él en la oración.

2. Libros y devocionales: Hay muchos libros y devocionales cristianos que se enfocan en la oración y ofrecen consejos prácticos y pautas para una vida de oración efectiva.

Te comparto algunos libros que he leído y han sido de inspiración para mí:

-Oración Poderosa: Una Guía Práctica para Orar con Fe y Obtener Resultados (John Eckhardt)

-El Poder de la Oración y la Declaración (John C. Maxwell)

-Trátelo con Oración (Charles Stanley)

-El Poder de la Oración para las Mujeres (Stormie Omartian)

-Las 21 Oraciones más efectivas de la Biblia (Dave Earley)

-La Oración de Jabes: Una Obra Maestra de la Oración (Bruce Wilkinson)

-Oraciones y Promesas para Mujeres: Inspiración bíblica para tu jornada de fe. (Toni Sortor)

Oraciones que activan promesas

3. Música de alabanza y adoración: Este tipo de música puede ser una herramienta poderosa para ayudarnos en nuestra vida de oración. Las letras y melodías cristianas pueden inspirarnos y elevar nuestro espíritu, creando un ambiente propicio para la oración. Podemos utilizar las canciones como una forma de expresar nuestro amor, gratitud y adoración a Dios de una manera especial. Podemos meditar en las letras y permitir que guíen nuestras oraciones. La música puede ayudarnos a reflexionar sobre la grandeza de Dios, su amor y sus promesas. A veces, puede ser difícil concentrarnos durante la oración y la música cristiana suave y tranquila puede ayudarnos a enfocar la mente y alejar las distracciones, permitiéndonos sumergirnos en un encuentro más profundo con Dios.

Recuerda que la música cristiana es un complemento para la oración y la adoración, pero no reemplaza la importancia de la oración para obtener una relación personal y sincera con Dios.

4. Grupos de oración y comunidades de fe: Participar en grupos puede ser una excelente manera de aprender de otros creyentes y recibir apoyo en nuestra vida de oración. Estos grupos pueden ofrecer enseñanza, oportunidades de práctica y momentos de oración en comunidad.

5.Seminarios y talleres: Muchas iglesias y organizaciones cristianas ofrecen seminarios y talleres sobre la oración.

Estos eventos suelen incluir enseñanza práctica, ejercicios de oración y oportunidades para hacer preguntas y recibir orientación personalizada.

6. Aplicaciones y recursos en línea: recuerda que estamos en la era digital, y debemos aprovechar la amplia gama de aplicaciones y recursos en línea disponibles para ayudarnos. Estas herramientas pueden incluir guías de oración, devocionales diarios y estudios bíblicos.

*Bible Gateway: es un gran portal gratuito que te permite el acceso a muchas traducciones y versiones de la biblia, también ofrece muchos recursos de estudios

Recuerda que la oración es una relación personal con Dios, por lo que lo más importante es buscar una conexión genuina con Él y abrir nuestro corazón en sinceridad y humildad.

Oraciones que activan promesas

• FRASES BÍBLICAS PARA USAR COMO BASE A NUESTRAS ORACIONES

He estado recopilando algunas frases de versículos bíblicos que me han ayudado a enriquecer mis oraciones, quiero compartirlas contigo y deseo que sean de inspiración para tus oraciones. Al igual como te recomendé anteriormente puedes usar las tarjetas o fichas de memoria.

*Dios Tu eres nuestro creador. Eres magnífico, Señor sobre todas las cosas.

*Dios Tu Eres maravilloso, justo, digno, santo y bueno.

*Dios Tu eres nuestro Redentor y salvador, eres mi socorro y mi ayudador.

*Dios Tú eres mi protector y quien me sostiene con tu diestra victoriosa.

*Dios Tú eres quien me bendice, y quien me cuida.

*Dios Tú eres quien me perdona, y me restaura.

*Dios Tú eres mi fuerza y quien me hace prosperar.

*Dios tú eres todopoderoso, fiel y hacedor de milagros.

Oraciones que activan promesas

*Dios Tú eres mi proveedor. Tu eres quien renueva mis fuerzas

*Dios Tu eres el medico de médicos, me das la medicina y curas mis enfermedades.

*Dios Tu eres quien venda nuestras heridas.

*Dios Tú eres quien sana al quebrantado de corazón.

*Dios Tú eres quien nos rescata de nuestras aflicciones.

*Dios Tú eres quien nos libera de la destrucción.

*Dios Tú eres quien nos saca del lodo cenagoso.

*Dios Tú eres El gran yo soy, el principio y el fin.

*Dios Tú eres la roca que me fortalece.

*Dios Tu eres glorioso y majestuoso.

*Dios Tú eres mi refugio en medio de la tormenta.

*Dios Tú vara y Tu cayado me infunden aliento.

*Dios Tú eres mi esperanza, Rey bendito y Soberano Dios.

*Dios Tú eres mi Amparo y fortaleza y mi pronto auxilio en las tribulaciones.

Oraciones que activan promesas

*Dios tú estás por encima de Reyes, de Naciones y de gobernantes.

*Dios Tú eres el poderoso de Israel y Dios de toda Gloria.

*Dios Tú eres quien tiene el control de mi vida.

*Dios tú peleas nuestras batallas y nos haces triunfar.

*Es por tu Gracia Dios que obtenemos la victoria.

*En ti Cristo somos más que vencedores.

*Solo mi fe en ti y en tu palabra apagaran los dardos del enemigo.

*Espíritu Santo Tu eres mi ayudador, mi guía y mi consolador.

*Dios solo Tú me puedes dar las fuerzas del búfalo para que yo pueda mantenerme firme y soportar los vientos y tempestades de la vida.

*Dios Exalto tu grandeza; Exalto tus atributos; Santifico Tu nombre. Proclamo Tu Poder y Tus Maravillas.

*Dios Eres digno de Suprema alabanza y adoración.

Oraciones que activan promesas

*Dios te alabare con todo mi corazón y te cantaré salmos para adorar tu nombre por Tu misericordia y Tu Fidelidad.

*Dios Te exalto porque tu palabra es sobre todas las cosas y me hace libre.

*Dios Tu eres consejero Admirable, Dios fuerte, Padre Eterno, Príncipe de Paz.

*Dios qué grandes son tus obras y profundos tus pensamientos.

*Dios, Rey del cielo, te alabo, exalto y glorifico, porque siempre procedes con rectitud y justicia.

*Jesús, Tu eres el pan que bajó del cielo para darnos vida.

*Jesús, Tú eres el camino, la verdad y la vida y nadie va al Padre sino por Ti.

*En Ti Cristo somos más que vencedores.

*Espíritu Santo Tu eres quien nos ayuda en nuestra debilidad.

*Señor hoy declaró en voz alta, que Tu eres mi único Dios y te amo con todo mi corazón, con toda mi alma y con todas mis fuerzas.

Oraciones que activan promesas

CAPÍTULO 3

REQUISITOS PARA QUE NUESTRAS ORACIONES SEAN EFECTIVAS Y ACTIVEN LAS PROMESAS DE DIOS

"y si se humilla mi pueblo sobre el cual es invocado mi nombre, y oran, buscan mi rostro y se vuelven de sus malos caminos, entonces yo oiré desde los cielos, perdonaré su pecado y sanaré su tierra. Ahora mis ojos estarán abiertos y mis oídos atentos a la oración que se haga en este lugar".
2 Crónicas 7:14-15

Dios se dirige al rey Salomón después de la dedicación del templo en Jerusalén, y le hace esta promesa al pueblo de Israel en ese tiempo, pero la buena noticia, es que esta promesa es relevante para nosotros hoy en día y la no tan buena es que estas promesas tienen condiciones muchas veces difíciles de cumplir por nosotros, pero no imposibles, si nos lo proponemos.

Este pasaje es una ventana al corazón de Dios, donde Él nos revela los requisitos para que nuestras oraciones activen sus promesas en nuestras vidas. No es simplemente una fórmula mágica, sino una invitación profunda a una relación transformadora con nuestro creador.

En estos requisitos, podemos encontrar el eco de un Dios que anhela *una relación íntima con nosotros, una relación basada en la humildad, la fe, la obediencia, el arrepentimiento, la búsqueda constante de su voluntad y el abandono de todo lo que nos aleja de Él, pero en su amor infinito si nosotros cumplimos sus mandatos, Él nos recompensara escuchando nuestras oraciones y dándonos entre otras sus promesas de perdón y sanidad.*

ORANDO CON FE

La fe es esencial para que nuestras oraciones sean efectivas. Jesús dijo en Mateo 21: 22 *"Y todo lo que pidáis en oración, creyendo, lo recibiréis".* Debemos confiar en que Dios tiene el poder y la voluntad de responder a nuestras oraciones.

La fe nos permite confiar plenamente en que Dios cumplirá sus promesas. Hebreos 11:6 *dice que "Sin fe es imposible agradar a Dios",* porque la fe es el fundamento de nuestra relación con El, nos lleva a confiar, a creer en sus promesas y a obedecer su voluntad.

Oraciones que activan promesas

La fe nos permite experimentar su gracia y poder en nuestras vidas, y nos capacita para vivir una vida que le agrade.

Un ejemplo bíblico de cómo la fe en la oración activa las promesas de Dios se encuentran en la historia de la mujer Cananea, en Mateo 15: 21-28.
Esta mujer se acercó a Jesús desesperada por la sanidad de su hija, y aunque inicialmente Jesús parecía ignorarla, ella perseveró en su fe.
Ella creía que incluso las Migajas de la mesa de Jesús serían suficientes para sanar a su hija.
Su fe fue recompensada cuando Jesús elogió su gran fe y sanó a su hija en ese mismo momento.

Otro ejemplo se encuentra en Marcos 5:25-34, nos relata la historia de una mujer que había estado sangrando durante 12 años, había gastado mucho dinero en médicos sin obtener mejoría, pero ella escuchó que Jesús hacía milagros, y esta palabra activo su fe, esta palabra fue la que la hizo tomar la decisión de acercarse a Jesús en busca de sanidad.

A pesar de las dificultades y la multitud que la rodeaba, ella creía que, si tan solo tocaba el borde de Su manto, sería sanada. La razón por la que esta mujer quería tocar el borde del manto de Jesús era porque creía en su poder y en su autoridad.

En la cultura judía de ese tiempo, el borde del manto de un rabino o maestro era considerado como una extensión de su persona y representaba su autoridad. Por lo tanto, al tocar el borde del manto de Jesús, la mujer estaba mostrando su fe y su creencia en Su poder para sanarla.

Y fue lo que realmente sucedió, Jesús reconoció su fe y la sanó por completo.

Estos ejemplos nos enseñan que la fe en la oración es poderosa y efectiva cuando confiamos plenamente en Dios y cuando perseveramos en nuestra fe, podemos ver como Él cumple Sus promesas y nos bendice abundantemente.

No importa la circunstancia que estemos viviendo, aunque estemos sintiendo que estamos en lo más profundo del pozo y que cada vez estamos peor, Dios nos dice que si creemos en Él todo es posible, no importa si nuestra fe es pequeña como la de un grano de mostaza, como nos dice Jesús en:

<u>Mateo 17:20</u> *"diréis a este monte: «Pásate de aquí allá», y se pasará; y nada os será imposible".*

Oraciones que activan promesas

Aquí Jesús muestra que incluso una fe pequeña puede mover nuestras montañas, resaltando la importancia de creer en nuestras oraciones.

Pero ¿Cómo podemos cultivar y fortalecer nuestra fe?

la respuesta está en la oración constante y enfocada en Dios. Al pasar tiempo en comunión con Él, a través de la palabra, nuestra fe se fortalece.

"La fe viene por oír la palabra de Dios" Romanos 10:17, por lo que es importante llenarnos de su palabra y meditar en ella, entre más lo hagamos, la semilla de la fe se implantara en nuestra mente y en nuestro corazón.

Además, al orar con fe, sin dudar en nada como dice el apóstol Santiago, podremos experimentar paz interior, fortaleza y consuelo en tiempos de dificultades y desafíos, dirección y sabiduría, sanación y alivio, crecimiento espiritual como también la respuesta de Dios a nuestras oraciones.

Una vez le escuche decir a un predicador un refrán popular *"Si has perdido dinero, has perdido algo bueno; si has perdido un amigo, has perdido algo mejor; pero si has perdido la fe lo has perdido todo"*.

Oraciones que activan promesas

Hay muchos ejemplos en la biblia de promesas recibidas debido a la fe, estos son solo algunos:

1. La oración de Abraham por un hijo.
<u>Génesis 15:1-6, 21:1-7:</u> Abraham y su esposa Sara habían estado esperando durante muchos años para tener un hijo, pero aún no lo habían logrado.
Sin embargo, Abraham siguió creyendo en la promesa de Dios de que tendrían un hijo. Finalmente, en su vejez, Sara dio a luz a Isaac, como Dios había prometido.

2. La oración de Moisés por la liberación del pueblo de Israel.
<u>Éxodo 14:10-31:</u> cuando los israelitas estaban atrapados entre el ejército Egipcio y el Mar Rojo, Moisés oró a Dios para que los salvara.
Dios abrió el Mar y permitió que los Israelitas cruzaran a salvo, y luego lo cerró sobre los Egipcios que los perseguían.

3. La oración de Ana por un hijo.
<u>1 Samuel 1:1-28:</u> Ana había estado orando durante muchos años por un hijo, y finalmente Dios le concedió su deseo al darle a Samuel, quien se convirtió en un gran profeta.

Oraciones que activan promesas

4. La oración de Daniel por entendimiento y protección. Daniel: 2:1-23, 6:1-23: Daniel oró a Dios en momentos de gran necesidad, y Dios le dio sabiduría y protección.

5. La oración de Ezequias por sanidad 2 Reyes 20:1-11 Ezequías estaba gravemente enfermo y oró a Dios por sanidad. Dios escuchó su oración y le dio 15 años más de vida.

6. La oración de Jabes por bendición
1 Crónicas 4: 9-10   Jabes oró a Dios pidiéndole que lo bendijera y lo alejara del mal, y Dios respondió a su oración y lo bendijo abundantemente.

ORANDO CON PERDÓN, ARREPENTIMIENTO Y RECONCILIACIÓN

Estos son actos poderosos que nos conectan con la presencia de Dios y nos permiten experimentar su amor y gracia en nuestras vidas.
Cuando oramos con perdón, reconocemos que todos somos seres imperfectos y necesitamos el perdón de Dios y de los demás. El perdón es un acto de liberación y sanación física,

emocional y espiritual. Cuando perdonamos a alguien, liberamos el resentimiento, la ira y el deseo de venganza que pueden estar presentes en nuestro corazón.

El perdón nos permite dejar atrás el pasado y seguir adelante. Sin embargo, perdonar no significa olvidar o minimizar el daño que se ha hecho, sino que implica reconocer el dolor y tomar la decisión consciente de dejarlo en manos de Dios.

La Biblia nos enseña en varias ocasiones sobre la importancia del perdón y el arrepentimiento para poder recibir las promesas de Dios.
Por ejemplo, 1 de Juan 1:9 nos dice que *"si confesamos nuestros pecados Dios es justo y fiel para perdonarnos nuestros pecados y limpiarnos de toda maldad".*
Esta promesa nos muestra que cuando nos arrepentimos sinceramente y confesamos nuestros pecados, Dios nos limpia y nos purifica para hacernos dignos de su perdón, gracia y favor.

El arrepentimiento en la oración es un momento de reflexión profunda sobre nuestras acciones y actitudes donde debemos reconocer nuestros errores y pecados ante Dios y pedirle que nos perdone.

Oraciones que activan promesas

El arrepentimiento nos lleva a cambiar nuestro corazón y nuestras acciones, buscando la transformación y la reconciliación con Dios y con los demás.

Un ejemplo en la biblia de arrepentimiento lo encontramos en el <u>Salmo 51</u>: Esta es una oración escrita por el rey David después de que fue confrontado por el profeta Natán por su adulterio con Betsabé y el asesinato de su esposo.
En esta oración, David confiesa su pecado, pide perdón y suplica a Dios que lo restaure y lo purifique.
La reconciliación es la búsqueda activa de restaurar nuestras relaciones rotas o dañadas.
Cuando oramos por reconciliación, le pedimos a Dios que ablande nuestros corazones y los corazones de aquellos con quienes hemos estado en conflicto, le pedimos sabiduría y guía para encontrar formas de restablecer la paz y la armonía en nuestras relaciones.

Un ejemplo clásico de reconciliación se encuentra en el relato de José y sus hermanos en el libro de Génesis.
José fue vendido como esclavo por sus propios hermanos debido a los celos y la envidia que sentían hacia él.
Pasó muchos años lejos de su familia, sufriendo pruebas y dificultades. Sin embargo, a través de la providencia de Dios, José se convirtió en un gobernante poderoso en Egipto.

Oraciones que activan promesas

Después de muchos años, una hambruna afectó a la tierra, y los hermanos de José fueron a Egipto en busca de alimento. Cuando José los reconoció en lugar de buscar represalia, decidió poner a prueba a sus hermanos para ver si habían cambiado y si habían experimentado arrepentimiento por lo que habían hecho. finalmente, José reveló su identidad a ellos y, en lugar de condenarlos, los perdonó.

En Génesis 45:4-5 José les dice: *"yo soy José vuestro hermano a quien vendisteis para Egipto ahora pues no os entristezcáis ni os pese de haberme vendido acá porque para preservación de vida me envió Dios delante de vosotros"* y José abrazó a sus hermanos y les aseguró que Dios había usado sus acciones para cumplir su propósito.

En lugar de pensar en vengarse, José buscó la reconciliación y la restauración de su relación. Perdonó a sus hermanos y los invitó a vivir con él en Egipto, donde pudieron disfrutar de la bendición y la provisión de Dios juntos.

Este ejemplo nos enseña que el perdón y la reconciliación pueden traer sanidad y restauración a las relaciones rotas, y que es posible superar el pasado y construir un futuro de amor y armonía.

En nuestra vida de oración, es importante recordar que el perdón, el arrepentimiento y la reconciliación son procesos continuos. No es algo que hacemos una vez y ya está, sino que requiere un compromiso constante de buscar la sanación y la restauración en nuestras relaciones, primero con Dios, con nosotros mismos y también con los demás, permitiéndole a Dios, usarnos a través de la oración para recompensarnos con sus promesas de acuerdo con sus propósitos.

ORANDO CON OBEDIENCIA

Como ya sabemos, la oración es una poderosa herramienta que Dios nos ha dado para comunicarnos con Él y expresar nuestras necesidades, deseos y preocupaciones.

Es a través de la oración que podemos experimentar la presencia y el poder de Dios en nuestras vidas. Sin embargo, la oración efectiva no solo involucra pedir cosas a Dios, sino que también requiere además de la fe, una actitud de obediencia a sus mandamientos y enseñanzas.

La Biblia nos enseña que Dios responde las oraciones de aquellos que le son obedientes. Santiago 1:22 nos enseña: *"Sed hacedores de la palabra y no solamente oidores que se engañan a sí mismos"*. Este versículo nos insta a no solo escuchar la palabra, sino a ponerla en práctica a través de nuestra obediencia.

En Juan 14:15, Jesús establece una conexión íntima entre el amor a Dios, la obediencia y la activación de Sus promesas. El

Oraciones que activan promesas

versículo dice: *"Si me amáis, guardaréis mis mandamientos. Y yo rogaré al Padre, y Él os dará otro consolador para que esté con vosotros siempre."*
Jesús nos está diciendo que el amor verdadero hacia Él se demuestra a través de la obediencia a sus mandamientos, Porque cuando lo amamos y le obedecemos, estamos caminando en línea con su plan y propósitos para recibir sus promesas como en este caso que Jesús nos dice que si cumplimos nos dará su compañía y consuelo para siempre.
Cuando nos sometemos a la autoridad y al plan de Dios, nuestras oraciones se vuelven poderosas y efectivas, entonces Dios no solo nos escucha, sino que también activa sus promesas en respuesta a nuestras oraciones.

Sin embargo, es importante recordar que a veces, Dios tiene un plan mayor y más sabio para nuestras vidas, y así como mencione en el comienzo del libro, sus respuestas muchas veces pueden ser diferentes a lo que esperamos, por lo cual, en esos momentos, debemos confiar en que Dios sabe lo que es mejor para nosotros y que su plan es perfecto.
Si caminamos en obediencia a la palabra de Dios podemos esperar Sus respuestas con paciencia y expectativa y si seguimos las advertencias del Espíritu Santo nos convertimos en un pueblo obediente que espera sin dudar a que las cosas sucedan.

Oraciones que activan promesas

En la Biblia hay muchos ejemplos de hombres y mujeres de fe, que recibieron sus promesas debido a que obedecieron a Dios.

1. Abraham y la prueba de obediencia:

El libro de Génesis 22: 1-19, relata cómo Dios le pidió a Abraham que sacrificara a su hijo Isaac como una prueba de obediencia. Creo que es una de las pruebas más fuertes por la que un padre puede pasar y más cuando este hijo había sido tan anhelado y esperado, pero Abraham confió en la promesa de Dios y estuvo dispuesto a obedecer. En el último momento, Dios detuvo el sacrificio y bendijo a Abraham por su obediencia, prometiéndole multiplicar su descendencia.

2. La construcción del Arca de Noé:

En Génesis 9:11-17, Dios le dijo a Noé que construyera un arca para salvar a su familia y a los animales del diluvio que vendría. A pesar de las burlas y el escepticismo de los demás, Noe siguió las instrucciones al pie de la letra y construyó el Arca. Su obediencia le permitió a él y a su familia sobrevivir al diluvio y Dios hizo una promesa de nunca más destruir la tierra con un diluvio.

3. José y el llamado a proteger a Jesús:

Oraciones que activan promesas

En Mateo 1:18- 25, José descubre que María, su prometida, estaba embarazada, pero él no era el padre. José estaba muy angustiado y como no quería difamarla, quiso abandonarla en secreto, pero un ángel se le apareció en un sueño y le dijo: *"José, hijo de David, no temas recibir a María tu mujer, porque el Niño que se ha engendrado en ella es del Espíritu Santo. Y dará a luz un hijo, y le pondrás por nombre Jesús, porque Él salvará a su pueblo de sus pecados. Y cuando despertó José del sueño, hizo como el ángel del Señor le había mandado, y tomó consigo a su mujer; y la conservó virgen hasta que dio a luz un hijo."*
José obedeció al ángel enviado por Dios y se convirtió en el padre adoptivo de Jesús, e hizo realidad la promesa de cuidar y proteger al Salvador del mundo.

ORANDO SEGÚN LA VOLUNTAD DE DIOS

La Biblia nos enseña que Dios tiene un plan perfecto para nuestras vidas y que *"sus caminos y pensamientos son más altos que los nuestros y aun mas altos que los cielos sobre la tierra"* Isaías 55:9. Por lo tanto, es esencial buscar la voluntad de Dios en nuestras oraciones y someternos a su dirección y guía.
Cuando oramos alineados con la voluntad de Dios nuestras oraciones se vuelven poderosas y eficaces. La oración también es un acto de rendición y confianza en Dios.

Oraciones que activan promesas

Al orar debemos recordar que Él es soberano y que Su voluntad es perfecta. Nuestra tarea es presentar nuestras peticiones a Dios con humildad, confiando en que Él escuchará y responderá de acuerdo con Su sabiduría y amor. Algo que muchas veces creemos que podemos hacer es manipular a Dios a través de nuestras oraciones, pero para no hacerlo debemos confiar en que El cumplirá su palabra y obrará en su tiempo perfecto.

Aprender a alinearnos con la voluntad de Dios, muchas veces puede ser difícil, pero podemos ayudarnos entendiendo y colocando en práctica algunos recursos:

1. Estudiar las escrituras y meditar en ellas, nos permite comprender la naturaleza y los propósitos de Dios, como también conocer sus pensamientos. Romanos 12:2

"No se amolden al mundo actual, sino sean transformados mediante la renovación de su mente. Así podrán comprobar cuál es la voluntad de Dios: buena, agradable y perfecta."

Este versículo nos enseña que al renovar nuestra mente y alejarnos de las influencias del mundo podremos discernir y comprender cuál es la voluntad de Dios.

Oraciones que activan promesas

La Biblia es una fuente de sabiduría y revelación divina que nos muestra cómo vivir de acuerdo con los planes y propósitos de Dios. A través de su palabra, podemos conocer y entender la voluntad de Dios para nuestras vidas.

2. Orar y Buscar la dirección de Dios: A través de la oración, podemos pedirle a Dios que nos revele su voluntad y nos dé sabiduría para entenderla.

3. Ser sensibles al Espíritu Santo: El Espíritu Santo es nuestro guía y nuestra ayuda para discernir la voluntad de Dios.

Como dice en 1 Corintios 2: 10-11

"Ahora bien, Dios nos ha revelado esto por medio de su Espíritu, pues el Espíritu lo examina todo, hasta las profundidades de Dios. En efecto, ¿quién conoce los pensamientos del ser humano sino su propio espíritu que está en Él? Así mismo, nadie conoce los pensamientos de Dios sino el Espíritu de Dios."

Este versículo nos enseña que el Espíritu Santo penetra incluso en las profundidades de Dios y nos revela su voluntad. Al ser El Espíritu de Dios, tiene un conocimiento íntimo y completo de los planes y pensamientos divinos. Por lo tanto, el Espíritu Santo es quien nos capacita para discernir y comprender la voluntad de Dios en nuestras vidas.

CAPÍTULO 4

LA ORACIÓN DEL MAESTRO

No sé si alguna vez te has preguntado:
¿Por qué Jesús siendo Dios buscaba en todo momento al Padre en oración?
La Biblia nos presenta a Jesús como completamente Dios y completamente humano al mismo tiempo; y debido a esto experimentó todas las emociones y experiencias humanas, incluida la oración.

A través de su ejemplo de oración, Jesús nos mostró la importancia de la comunicación con Dios El Padre y nos enseñó cómo acercarnos a Él. Cuando Jesús oraba, no lo hacía como si estuviera hablando con otra persona separada de Él, sino que se dirigía a Dios en comunión y unidad con Él. La oración de Jesús reflejaba su relación íntima y su dependencia del Padre en su misión terrenal.
Según la Biblia, Jesús oraba por diversas razones: lo primero que Él buscaba era comunión con Dios.

Jesús buscaba una relación íntima y constante con su Padre celestial a través de la oración. Los evangelios, describen cómo

Oraciones que activan promesas

Jesús se retiraba a lugares solitarios para orar y pasar tiempo a solas con Él.

Lo segundo y bastante importante para Jesús era pedirle en todo momento dirección para alinearse con la voluntad del Padre. En momentos claves de su ministerio, como antes de elegir a sus discípulos o como en el huerto de Getsemaní, Jesús oró para buscar la guía, la dirección y la voluntad de Dios y someterse a ella, mostrando su obediencia y entrega total.

En tercer lugar, Jesús encontraba consuelo y fortaleza en momentos de dificultad a través de la oración.

También, en el huerto de Getsemaní, antes de su arresto y crucifixión, Jesús oró fervientemente, buscando la fuerza para enfrentar lo que esperaba.

Jesús también oraba intercediendo por otros, oraba por sus seguidores y por aquellos que vendrían a creer en él. En la última cena, Jesús oró por sus discípulos, pidiendo protección y unidad para ellos.

Su ejemplo de oración nos enseña la importancia de la comunicación constante con Dios en nuestras propias vidas. y aunque los discípulos eran judíos y tenían familiaridad con la oración, reconocieron que Jesús tenía una relación especial con Dios y una forma de orar única.

Oraciones que activan promesas

Querían aprender de Él y experimentar la misma conexión y poder en sus propias vidas. Por esta razón debido a que los discípulos veían que Jesús aun siendo Dios oraba en todo momento buscando no solo la dirección del padre, le pidieron:

"Señor, enséñanos a orar, como Juan también enseñó a sus discípulos" Lucas 11:1, en respuesta a su solicitud, Jesús nos enseñó el conocido Padre nuestro, con esta oración sencilla pero efectiva, llena de lecciones fundamentales para vivir una vida de fe y obediencia, quiso enseñarnos que las oraciones sencillas pero hechas con humildad y fe pueden ser eficaces capaces de activar promesas, milagros y bendiciones.

Jesús también les enseñó en Lucas 11: 5-9, sobre la persistencia en la oración y la confianza en la respuesta de Dios. Les contó una parábola sobre un amigo que pide pan a medianoche, y a pesar de la incomodidad que le hace pasar al amigo, les dice que el amigo le dará lo que necesita debido a su persistencia.

"Además, Yo mismo les digo a ustedes: Permanezcan pidiendo, y se les dará; permanezcan buscando y encontraran; permanezcan llamando y se les abrirá."

Oraciones que activan promesas

LA ORACIÓN DEL PADRE NUESTRO
| Lucas 11:1-4 | Mateo 6: 9-13 |

1. ADORACIÓN

- **La oración del maestro**

"Padre nuestro que estás en el cielo, santificado sea tu nombre.

- **La Enseñanza del maestro**

En esta frase, Jesús quiere que reconozcamos a Dios como un Padre amoroso y cercano. Al llamarlo nuestro Padre, reconocemos que somos sus hijos y que podemos tener una conexión especial y cercana con Él.

También quiere que reconozcamos la soberanía y la trascendencia del Padre. Los cielos representan su morada y su dominio sobre todo el universo.

Esto nos enseña que Él está por encima de todo y tiene el control sobre todas las cosas. Jesús nos enseñó a santificar su nombre como una expresión de reverencia y adoración.

Santificar significa considerar algo como sagrado y divino. Al santificarlo estamos reconociendo que el nombre de Dios es Santo, grande, digno de honor, poder, respeto y toda gloria.

Mi Oración: "Amado padre, hoy me acerco a ti con reverencia, reconociendo que eres mi padre amoroso que estás en los cielos sentado en su trono de gloria. Me maravillo

ante tu grandeza y soberanía sobre todo el universo. Eres santo y digno de alabanza y adoración. Que tu nombre sea glorificado en todo momento y en todos los aspectos de mi vida. En el nombre de Jesús, Amén y Amén."
Tu Oración:

2. SUMISIÓN Y OBEDIENCIA

- **La oración del maestro**

"Venga tu reino. hágase tu voluntad así en la tierra como en el cielo."

- **La enseñanza del maestro**

Con la expresión venga tu reino Jesús nos enseñó a reconocer y anhelar el reino de Dios, este se refiere al reinado o gobierno de Dios sobre nuestras vidas y sobre el mundo. Es la manifestación del cumplimiento de la voluntad y el plan de Dios en la tierra.

Al decir Hágase tu voluntad, estamos expresando nuestra disposición a aceptar y obedecer la voluntad de Dios en nuestras vidas admitiendo que es suprema y perfecta, y de ver su reino establecido en nuestra vida terrenal, así como en el reino espiritual. Él quería enseñarnos a reconocer la soberanía de Dios y aceptar el compromiso de vivir de acuerdo con sus propósitos y mandamientos.

Mi Oración: "Padre celestial, te pedimos humildemente que tu reino y tu vida sean evidentes en cada aspecto de nuestras vidas, permítenos vivir de acuerdo con tus mandamientos y seguir tu guía.

Que tu amor y tu justicia prevalezcan en cada rincón de este mundo, transformando corazones y trayendo paz. Ayúdanos a ser instrumentos de tu voluntad aquí en la tierra, para que tu reino se manifieste en todo momento y en todo lugar. Confiamos en tu plan perfecto y te entregamos nuestras vidas para que tu voluntad se cumpla en nosotros. En el nombre de Jesús, amén y amén."

Tu Oración:

3. PETICIÓN Y PROVISIÓN

- **La oración del maestro** *"Danos hoy el pan nuestro de cada día."*
- **La enseñanza del maestro**

En primer lugar, Jesús enseñó la dependencia de Dios y la confianza en Él como proveedor. Al pedir el pan nuestro de cada día, reconocemos que nuestras necesidades físicas y espirituales son suplidas por Dios y que debemos confiar en su provisión diaria. Además, Jesús enfatizó la importancia de vivir en el presente y confiar en que Dios nos dará lo necesario para cada día.

Mi Oración: "Amado Dios, nos acercamos a ti con humildad y gratitud, reconociendo que tú eres el dador de todo buen regalo.
Hoy te pedimos, con confianza y certeza en tu amor, que nos des para suplir todas nuestras necesidades financieras y materiales. Concédenos el sustento físico y espiritual para enfrentar los desafíos de cada día.
Confiamos en que tú proveerás abundantemente según tus promesas, y te agradecemos de antemano por Tu fidelidad y cuidado constante. El nombre de Jesús amén."

Tu Oración:

4. PERDÓN Y RECONCILIACIÓN

- **La oración del maestro**

"Y perdónanos nuestras ofensas, como también nosotros hemos perdonado a nuestros ofensores."

- **La enseñanza del maestro**

En primer lugar, Jesús enfatizó la importancia del perdón hacia los demás. Al decir "como también nosotros hemos perdonado a nuestros ofensores" nos enseña que debemos perdonar a aquellos que nos han ofendido o nos han causado daño, así como él lo hizo, muriendo en una cruz y sin que nosotros lo meneciéramos.

Nos recuerda que el perdón es una parte esencial de nuestras relaciones humanas y nos insta a practicar la reconciliación, la compasión y el amor incondicional hacia los demás. Además, Jesús nos enseña que nuestro perdón de los demás está intrínsecamente relacionado con el perdón que recibimos de Dios.

Al pedir que Dios perdone nuestras ofensas o deudas, reconocemos nuestra necesidad de perdón y también que, como seres perdonados, debemos extender ese perdón a los demás.

Mi Oración: "Amado Dios, reconozco que soy pecador y necesito tu perdón. Te pido humildemente que perdones mis pecados, sabiendo que solo tú puedes limpiarme y restaurarme.

En respuesta a tu amor y gracia, te pido perdonar a aquellos que me han hecho daño. Ayúdame a perdonar de corazón, liberándome del resentimiento y permitiendo que tu amor fluya a través de mí.

Oraciones que activan promesas

Que mi vida refleje tu perdón y misericordia hacia los demás. En el nombre de Jesús, amén."

<u>Tu Oración:</u>
5. GUIA Y PROTECCION

- **La oración del maestro**

"Y no nos dejes caer en tentación, sino líbranos del mal."

- **La enseñanza del maestro**

Jesús quiso transmitir una enseñanza importante sobre la dependencia de Dios y la lucha contra el pecado y la tentación. En primer lugar, a reconocer nuestra propia debilidad y necesidad de la guía y protección de Dios.

Al pedir no nos dejes caer en tentación, admitimos nuestra vulnerabilidad ante las tentaciones y reconocemos que, sin la ayuda de Dios, podemos caer fácilmente en el pecado.

Nos enseña a acercarnos a Dios en humildad y a pedirle que nos fortalezca y nos proteja de las tentaciones que puedan apartarnos de su camino.

Al pedir Líbranos del mal implica un deseo de ser rescatados de todo lo que es malo y destructivo en nuestra vida.

Reconociendo que la lucha contra el mal es constante y necesitamos Su ayuda permanente para mantenernos firmes en la fe y en la rectitud.

Oraciones que activan promesas

Mi Oración: "Padre celestial, en este momento me acerco a ti con humildad reconociendo que soy débil.
Te pido que no permitas que caiga en tentación y que me libres del mal que acecha a mi alrededor.

Sé que las tentaciones pueden ser engañosas y peligrosas, pero confío en tu poder para fortalecerme y ayudarme a resistir.
Te pido que me guíes y me des discernimiento para reconocer las situaciones que podrían llevarme por un camino equivocado.

Líbrame de las garras del enemigo y protégeme de todo mal que intente dañar mi vida espiritual y mi relación contigo.
En tu amor y misericordia, confío plenamente.
En el nombre de Jesús, Amén".

Tu Oración:

CAPÍTULO 5
CONOZCAMOS AL DIOS QUE CUMPLE SUS PROMESAS

"Porque todas las promesas de Dios son en El sí, y en Él Amén, por medio de nosotros, para la gloria de Dios."
2 Corintios 1:20

Este versículo nos recuerda que todas las promesas de Dios encuentran su cumplimiento en Jesucristo.
En un mundo lleno de incertidumbre y cambios constantes, la palabra de Dios es un ancla para nuestra fe. Las promesas de Dios son seguras y confiables porque están respaldadas por la fidelidad y el carácter inmutable de Cristo.

Cuando nos enfrentamos a desafíos y pruebas en la vida, podemos aferrarnos a las promesas de Dios.
Él nos ha prometido su amor, su gracia, su favor y su guía constante. Estas promesas no son vacías, sino que son *"Sí"* en Cristo.

Sin embargo, no sólo somos receptores pasivos de las promesas de Dios. El versículo también nos dice que las promesas son *"Amén"* por medio de nosotros. Esto implica que debemos responder activamente a las promesas de Dios

Oraciones que activan promesas

con fe y obediencia. No se trata solo de creer intelectualmente en las promesas de Dios, sino de vivir de acuerdo con ellas.

Cuando vivimos en alineación con las promesas de Dios, experimentamos su gloria y su poder en nuestras vidas, nuestras vidas se convierten en testimonios vivientes de la fidelidad de Dios.

Al confiar en las promesas de Dios y vivir según ellas, mostramos al mundo la realidad de su amor y su gracia transformadora.

¿Te has preguntado alguna vez: quién es El Dios en el que creo?

La Biblia nos muestra detalladamente desde el primer hasta el último versículo todo acerca de su carácter. Dios es el creador del universo y el gobernante soberano de todo, el principio y el fin.

En el libro de Génesis, se nos dice que Dios creó a los seres humanos a su imagen y semejanza, con el propósito de tener una relación personal con nosotros.

El Dios de la Biblia que hace milagros y cumple promesas es un Dios único y verdadero, Dios de amor, de misericordia y de poder, que interviene en la historia humana para mostrarnos su gloria y cumplir su palabra.

Oraciones que activan promesas

En el Antiguo Testamento, vemos a Dios realizando numerosos hechos extraordinarios, como la liberación de los Israelitas de la esclavitud en Egipto, la apertura del mar rojo, la provisión de maná en el desierto y la conquista de la tierra prometida, entre otros.
Estos Milagros demostraron su poder y su compromiso de cumplir sus promesas.

En el Nuevo Testamento, vemos a Dios manifestándose de manera Suprema en Jesucristo, quien realizó también muchos milagros, como sanar a los enfermos, multiplicar los panes, caminar sobre el agua y resucitar a los muertos.

Estos acontecimientos sobrenaturales demostraron que Jesús era el hijo de Dios y que Dios estaba cumpliendo sus promesas de redención y salvación a través de Él.
La Biblia también nos enseña que este Dios es fiel y un Dios de pactos que cumple todas sus promesas.

Su carácter es perfecto y su voluntad es guiarnos, bendecirnos y mostrarnos su amor y cuidado.
Conocerlo implica confiar en Él, adorarlo y buscar una relación personal y transformadora con Él.

Oraciones que activan promesas

Una de las características más importantes del carácter de Dios es ser inmutable; El no cambia en su naturaleza, carácter, propósitos o atributos.

Lo que significa que Dios es perfecto en todos los sentidos y no necesita cambiar ya que es completo en sí mismo. Su naturaleza divina no está sujeta a influencias externas o las circunstancias cambiantes del mundo, como la ciencia y la tecnología.

Lo inmutable de Dios se relaciona con su fidelidad, confiabilidad y estabilidad. Su carácter y sus promesas son constantes a lo largo del tiempo y en todas las generaciones. *"Toda buena dadiva y todo don perfecto descienden de lo alto, donde está el Padre que creo las lumbreras celestes, y que no cambia como los astros ni se mueve como las sombras."*
Santiago 1:17

Aquí te menciono solo algunos ejemplos que nos revela la palabra acerca del carácter de Dios. Cada descripción nos muestra diferentes aspectos de su naturaleza y nos ayuda a entender quién es Él y cómo se relaciona con nosotros.

1. **Dios es amoroso:** *"El que no ama no ha conocido a Dios, porque Dios es amor."* 1 Juan 4:8

Oraciones que activan promesas

2. **Dios es justo:** *"Justo, y misericordioso en todas sus obras."* Salmo 145: 17

3. **Dios es misericordioso:** *"Porque El Señor es bueno; su misericordia es eterna, y su fidelidad permanece para siempre."* Salmo 100:5

4. **Dios es sabio:** *"Porque Jehová da la sabiduría, y de su boca viene el conocimiento y la inteligencia."* Proverbios 2:6
Dios es infinitamente sabio y conoce todas las cosas.
Sus pensamientos y caminos son más altos que los nuestros.

5. **Dios es Santo:** *"Santo, Santo, Santo es el Señor de los ejércitos; toda la tierra está llena de su gloria."* Isaías 6:3

6. **Dios es paciente:** *"El Señor no tarda en cumplir su promesa, según algunos entienden la tardanza, sino que es paciente para con nosotros, no queriendo que nadie perezca, sino que todos vengan al arrepentimiento."* 2 Pedro 3: 9

7. **Dios es poderoso:** *"Porque para Dios no hay nada imposible."* Lucas 1:37

8. **Dios es compasivo:** *"Jehová es misericordioso y clemente, lento para la ira y grande en misericordia."* Salmo 103:8

Oraciones que activan promesas

9. **Dios es proveedor:** *"El Señor es mi pastor nada me faltará."* Salmo 23:1

10. **Dios es fiel en sus promesas:** *"Fiel es Dios, por el cual fuisteis llamados a la Comunión con su hijo Jesucristo nuestro Señor."* 1 Corintios 1:9

11. **Dios es Omnipresente:** *"¿A dónde podría alejarme de tu Espíritu? ¿A dónde podría huir de tu presencia? Si subiera al cielo, allí estas tu; si tendiera mi lecho en el fondo del abismo, también estas allí. Si me elevara sobre las alas del alba, o me estableciera en los extremos del mar, aun allí tu mano me guiaria, ¡me sostendría tu mano derecha!"* Salmo 139: 7-10

12. **Dios es omnisciente:** *"Oh Señor, tu me has escudriñado y conocido. Tu conoces mi sentarme y mi levantarme; desde lejos comprendes mis pensamientos. Tu escudriñas mi senda y mi descanso, y conoces bien todos mis caminos. Aun antes de que haya palabra en mi boca, he aquí, oh, Señor, tú ya la sabes toda."* Salmo 139:1-4

¿Por qué razón debemos confiar en que Dios cumplirá sus promesas en nosotros?

¿Crees que realmente Él cumple lo que nos ha prometido?

Oraciones que activan promesas

Las promesas de Dios son una fuente de esperanza y fortaleza en medio de las dificultades de la vida.
Son recordatorios de que Dios es fiel y que podemos confiar en El en todo momento. Las promesas de Dios nos dan la certeza de que Él está con nosotros, nos guía, nos protege y nos provee de todo lo que necesitamos. Nos dan consuelo en momentos de dolor y nos ofrecen Paz en medio de la turbulencia.
Dios tiene numerosas promesas para nosotros sus hijos.
Al buscarlo en oración, podremos recibir sus bendiciones y experimentar su amor, su gracia y su favor en todas las áreas de nuestra vida.

Podemos confiar plenamente en Él, sabiendo que cumplirá todo lo que ha prometido en Su palabra.

El libro de Números 23:19 nos dice: *"Dios no es hombre, para que mienta, ni hijo de hombre para que se arrepienta."*
Así que podemos confiar en que Dios hará Milagros y cumplirá sus promesas en nuestras vidas cuando confiamos y seguimos a Jesucristo.

Debemos confiar en la afirmación de que Dios cumple las promesas que nos ha dado en Su palabra. Este versículo destaca también la naturaleza Divina de Dios y su fidelidad en

Oraciones que activan promesas

cumplir sus promesas. Nos recuerda que, a diferencia de los seres humanos, Dios no miente ni cambia de opinión.

Hay más razones que nos confirman porque debemos confiar en que Dios cumplirá sus promesas:

1. La Biblia nos revela el carácter de Dios y nos muestra que Él es un Dios de verdad que cumple lo que dice.
En <u>Isaías 55:11</u> dice: *"Así será mi palabra que sale de mi boca, no volverá a mí vacía sin haber realizado lo que deseo, y logrado el propósito para el cual la envié."*

2. Hagamos como muchos hombres y mujeres de fe a lo largo de la Biblia los cuales creyeron en su fidelidad, y por eso vieron cumplidas sus promesas una y otra vez, desde el pacto que hizo con Abraham hasta la promesa de enviar al Mesías, y al Espíritu Santo.

<u>Deuteronomio 7:9</u> nos confirma cuán fiel es El Señor: *"Reconoce, por lo tanto, que el SEÑOR tu Dios es verdaderamente Dios. Él es Dios fiel, quien cumple su pacto por mil generaciones y derrama su amor inagotable sobre quienes lo aman y obedecen sus mandatos."*

3. Dios es todopoderoso y soberano y tiene el control de todas las cosas. Él es capaz de cumplir cualquier promesa que haga

Oraciones que activan promesas

porque nada está fuera de su alcance. Su poder y su soberanía nos dan la confianza de que Él puede hacer todo lo que promete, como dijo Jesús en Mateo 19:26 *"Para los hombres esto es imposible; más para Dios todo es posible."*

4. Dios nos ama incondicionalmente y desea lo mejor para nosotros. Él no es un Dios que se olvida de sus promesas o que las hace a la ligera. Su amor y su bondad nos aseguran que cumplirá lo que ha prometido porque quiere nuestro bienestar. Salmo 145:13 *"El Señor es fiel en todas sus palabras y bondadoso en todas sus obras."*

5. Una de las mayores razones la encontramos en la veracidad de su palabra: La Biblia es la palabra de Dios y en ella encontramos todas sus promesas, ella es infalible y confiable, y podemos estar seguros de que lo que está escrito en ella se cumplirá. Lucas 21:33 nos lo confirma *"El cielo y la tierra pasarán, más mis palabras no pasarán."*

6. Nuestra experiencia personal también puede fortalecer nuestra confianza en él.
Muchas veces, Podemos mirar hacia atrás y ver cómo Dios ha cumplido sus promesas en nuestras vidas, en la de algún familiar o amigo, dejándonos experimentar su fidelidad y su provisión en diferentes situaciones.

Oraciones que activan promesas

En el transcurrir de mi vida cristiana he comprendido que Dios tiene un plan perfecto y muchas promesas extraordinarias para cada uno de nosotros, pero para poder recibir todo lo que Él tiene reservado para nosotros tenemos que seguir la actitud de Jesús como nos dice el apóstol Pablo en Filipenses 2 *"que aun siendo Dios, se despojó de sí mismo, haciéndose semejante a los hombres, se humilló y fue obediente hasta la muerte, por lo cual Dios exaltó su nombre sobre todo nombre para la gloria de Dios, Padre."*

Este pasaje nos enseña que las claves para poder ser exaltados por Dios y poder recibir sus bendiciones y promesas son:

La humildad, la fe y la obediencia a Su voluntad.

Pareciera que les estoy repitiendo lo mismo, pero podemos ver que Dios nos recalca sus enseñanzas una y otra vez a lo largo de las escrituras.

CAPÍTULO 6

ORACIONES QUE ACTIVAN PROMESAS
"Clama a mí y te responderé; te daré a conocer cosas grandes y ocultas que tú no conoces"
Jeremías 33:3

Esta promesa fue dada por Dios a Jeremías cuando estaba detenido en la cárcel, nos muestra la importancia de la oración en nuestra vida espiritual y nos confirma que cuando clamamos a Dios en oración, estamos activando Sus promesas en nuestras vidas.

Él nos promete responder y enseñarnos cosas grandes y ocultas o inaccesibles que no conocemos. Esto significa que cuando lo buscamos en oración, Él nos revela sus promesas, propósitos o planes divinos, nos da sabiduría en situaciones difíciles y nos muestra su amor y cuidado.

Dios es omnisciente y conoce todas las cosas, incluso las que son difíciles de alcanzar por nosotros. A través de la oración, Él nos invita a acercarnos a Él y a buscar su sabiduría y dirección. En ese proceso, Él puede revelarnos aspectos de su voluntad que no conocíamos previamente, o mostrarnos detalles de su plan para nuestra vida que estaban ocultos.

Oraciones que activan promesas

Esta expresión *"clama a mí"* implica una actitud de humildad, confianza y fe en su poder y disposición para responder. Es un reconocimiento de que solo Dios puede satisfacer nuestras necesidades más profundas y que Él es nuestro refugio y fortaleza en momentos de dificultad, nos anima a ser humildes y reconocer que hay verdades más allá de nuestra comprensión humana y que Dios está dispuesto a compartirlas con nosotros en su tiempo y de acuerdo con Sus propósitos.

Es importante destacar que la revelación de estas *"cosas inaccesibles"* no siempre son de forma inmediata, puede requerir tiempo, paciencia y búsqueda continua de la presencia de Dios.

Pero cómo ya lo mencioné antes, podemos confiar en que Dios cumple todas sus promesas así nosotros creamos que son imposibles y también porque Él es un Dios de pactos que se deleita en cumplir todo lo que nos ha prometido.

- **CONOZCAMOS LAS PROMESAS DE DIOS**

Quiero compartir contigo algunas de las muchas promesas que Dios nos hace en su palabra, recordando que Sus promesas son seguras y confiables, y que podemos sin dudar aferrarnos a ellas en cualquier circunstancia.

Oraciones que activan promesas

1. Salvación: *"Porque de tal manera amó Dios al mundo, que ha dado a su hijo unigénito, para que todo aquel que en Él cree, no se pierda más tenga vida eterna."* Juan 3:16
La salvación es la bendición más grande que Dios nos ofrece. A través de la fe en Jesucristo, podemos recibir el perdón de nuestros pecados, sanidad de nuestras enfermedades y la vida eterna.

Mi Oración: "Padre Santo, muchas gracias por esta gran promesa y regalo que le hiciste a la humanidad, recordando lo mucho que nos amas, tanto que enviaste a tu único y amado hijo Jesús a morir por nosotros para regalarnos la salvación y aún más la vida eterna. En el nombre de Jesús, Amén"

Tu Oración:

2. Amor incondicional: *"Porque estoy convencido de que ni la muerte, ni la vida, ni ángeles, ni principados, ni lo presente, ni lo por venir, ni los poderes, ni lo alto, ni lo profundo, ni ninguna otra cosa creada nos podrá separar del amor de Dios que es en Cristo Jesús Señor nuestro."* Romanos 8:38-39
Esta Promesa es un recordatorio de que el amor de Dios es tan profundo e inmutable (ósea Su amor no cambia, no se debilita y no se ve afectado por ninguna circunstancia o poder en el universo). Nos enseña también que no importan

nuestras fallas o debilidades, ni lo que enfrentemos en la vida, o cuán difíciles sean las circunstancias, Él nos ama de manera infinita y sin condiciones, siempre está con nosotros y Su amor es tan fuerte que nada puede romper ese vínculo.

Mi Oración: "Amado Dios, te agradezco por tu amor incondicional que no tiene límites ni barreras. Gracias porque en tu amor encuentro consuelo, seguridad y esperanza. Permíteme recordar siempre que nada puede separarme de tu amor, ni las dificultades, ni los desafíos, ni mis propias debilidades. Ayúdame a confiar en tu amor en todo momento y a vivir en respuesta a él.
En el nombre de Jesús, Amén."

<u>Tu Oración:</u>

3. **Gracia:** *"Porque por gracia habéis sido salvados mediante la fe; y esto no de vosotros, pues es don de Dios; no por obras, para que nadie se gloríe."* <u>Efesios 2:8-9</u>
La gracia de Dios es su favor y su bondad hacia nosotros, incluso cuando no lo merecemos. La gracia nos da la oportunidad de recibir su perdón y su amor, y nos ayuda a crecer en nuestra relación con Él.

Oraciones que activan promesas

Mi Oración: "Padre celestial, te doy gracias por tu inmensa gracia que nos has dado a través de Jesús. Reconozco que mi salvación no viene por mis propias obras, sino por tu obra perfecta y completa en la cruz, la cual es un regalo gratuito de tu amor. Ayúdame a vivir en gratitud todo el tiempo y a confiar en ti en cada aspecto de mi vida.
En el nombre de Jesús, Amén"

Tu Oración:

4. **Paz:** *"La paz os dejo, mi paz os doy; no os la doy como el mundo la da. No se turbe vuestro corazón, ni tenga miedo"*
Juan 14:27
La paz de Dios va más allá de la comprensión humana y nos da tranquilidad en medio de las dificultades y las luchas de la vida.

Mi Oración: "Señor Jesús, gracias por tu promesa de dejarnos tu paz. Te pido que me llenes con tu paz en medio de cualquier tormenta o dificultad que enfrente, sabiendo que tú estás conmigo y que nada puede robarme la paz que solo tú me puedes dar. En tu nombre Señor Jesús, nombre que es sobre todo nombre, Amén y Amén"

Tu Oración:

Oraciones que activan promesas

5. Provisión: *"Por tanto, no os preocupéis, diciendo: ¿Qué comeremos? o ¿Qué beberemos? o ¿Con qué nos vestiremos? Buscad primero su reino y su justicia, y todas estas cosas os serán añadidas."* Mateo 6:31-33

Esta promesa nos recuerda que, si buscamos a Dios y su justicia primero, Él se encargará de proveer para nuestras necesidades diarias. Es una invitación a confiar en su fidelidad y a vivir en obediencia, sabiendo que Él cuidará de nosotros.

Mi Oración: "Padre celestial, te entrego mis preocupaciones y ansiedades por las necesidades materiales de mi vida. Ayúdame a confiar en ti y en tu provisión diaria. Ayúdame a buscar primero tu reino y tu justicia, sabiendo que tú te encargas de proveer todo lo que necesito."

<u>Tu Oración:</u>

6. Sanidad: *"He aquí, yo les traeré salud y sanidad; los sanaré y les revelaré abundancia de paz y de verdad."* Jeremías 33:6

Es una promesa de restauración, sanación y bienestar.

Nos invita a confiar en Dios como nuestro Sanador, a buscar su paz en medio de las dificultades y a vivir en la verdad revelada por Él.

Dios tiene el poder de sanar nuestras enfermedades y dolencias, tanto físicas como emocionales.

Oraciones que activan promesas

Mi Oración: "Amado Dios, gracias porque has prometido traer sanidad y restauración a mi vida. Te pido que derrames tu poder sanador sobre mi cuerpo, mente y espíritu. Restaura todo lo que está dañado y sana cualquier enfermedad o dolor que pueda estar experimentando. Confío en tu palabra, en que sanarás mis heridas y me traerás paz y bienestar. En el nombre de Jesús, Amén."

Tu Oración:

7. **Protección:** *"Porque él te librará del lazo del cazador, de la peste destructora. Con sus plumas te cubrirá, y debajo de sus alas estarás seguro; escudo y adarga es su verdad"*
Salmo 91:3-4
Dios nos protege de los peligros y las amenazas que enfrentamos en la vida, y nos da seguridad en su cuidado.

Mi Oración: "Amado Padre celestial, gracias porque tú has prometido ser mi refugio y mi fortaleza, y cuidar de mí en todo momento. Confío en tu protección y en tu poder para librarme de todo peligro y enfermedad. En ti encuentro descanso y seguridad. Te pido que cumplas esta promesa en mi vida, que me cubras con tus alas y me guardes bajo tu sombra. Protégeme de todo mal y ayúdame a caminar en tu paz y confianza. En el nombre de Jesús, Amén."

Oraciones que activan promesas

Tu Oración:

8. Sabiduría: *"Si alguno de vosotros tiene falta de sabiduría, pídala a Dios, el cual da a todos abundantemente y sin reproche, y le será dada" Santiago 1:5*
Esta promesa nos anima a confiar en la sabiduría divina y a depender de Dios en todas las situaciones de la vida.

Mi Oración: "Amado Padre celestial, vengo ante ti humildemente en busca de sabiduría. Reconozco que necesito tu dirección y discernimiento en mi vida. Te pido que me concedas sabiduría divina para enfrentar las decisiones y desafíos que se presenten en mi camino. Ayúdame a entender tu voluntad y a ser sabio en cada situación. Gracias por tu fidelidad y amor incondicional. En el nombre de Jesús, Amén."

Tu Oración:

9. Esperanza: *"Porque yo sé muy bien los planes que tengo para ustedes, afirma El Señor, planes de bienestar y no de calamidad, a fin de darles un futuro y una esperanza."* Jeremías 29:11
Esta promesa también es aplicable hoy día en nuestras vidas. Nos recuerda que Dios tiene planes específicos y

benevolentes para cada uno de nosotros. Aunque enfrentemos dificultades y desafíos, podemos confiar en que Dios tiene un propósito y un plan perfecto para todos sus hijos.

Mi Oración: "Amado Dios, gracias porque tú tienes planes de bien y esperanza para mi vida. Reconozco que tus pensamientos son más altos que los míos y que tienes un propósito específico para mí. En momentos de incertidumbre o dificultad, te pido que me des confianza y paciencia para esperar en Tu tiempo perfecto. Ayúdame a confiar en que tus planes son buenos y que trabajarás todas las cosas para mi bien. Guíame y dirige mis pasos según tu voluntad. En el nombre de Jesús, Amén."

<u>Tu Oración:</u>

10. **Vida eterna:** *"Y este es el testimonio: que Dios nos ha dado vida eterna; y esta vida está en su Hijo."* <u>1 Juan 5:11</u>
Esta es una de las promesas más grandes, nos asegura que Dios nos ha dado vida eterna a través de su Hijo Jesucristo. Al creer en Él, recibimos el perdón de nuestros pecados y la garantía de una vida plena y eterna en comunión con Dios. También nos invita a vivir de acuerdo con la voluntad de Dios y a mantener una relación íntima con Jesús.

Oraciones que activan promesas

Mi Oración: "Querido Dios, me acerco a ti con gratitud y humildad, reconociendo tu amor y tu regalo. Agradezco por tu gracia y misericordia que me has brindado al permitirme tener una relación contigo. Te pido que me ayudes a vivir cada día en plena conciencia de esta vida eterna que tengo en ti, y que me capacites para compartir este regalo con otros. Ayúdame a vivir una vida que refleje tu amor y tu verdad, para que otros puedan ser atraídos a ti y experimentar la salvación que ofreces. En el nombre de Jesús, Amén."

Tu Oración:

11. **Perdón:** *"Si confesamos nuestros pecados, Él es fiel y justo para perdonar nuestros pecados, y limpiarnos de toda maldad"* <u>1 Juan 1:9</u>
Este versículo nos invita a reconocer nuestras faltas, arrepentirnos sinceramente y buscar el perdón de Dios. Esta promesa nos ofrece esperanza, consuelo y la oportunidad de ser restaurados en nuestra relación con Dios.

Mi Oración: "Padre celestial, me acerco a ti con humildad y arrepentimiento, reconociendo mi pecado y mi necesidad de tu perdón. Reconozco que he fallado y me he apartado de tu voluntad, pero confío en tu promesa de perdonar y limpiar a aquellos que confiesan sus pecados. Te pido que me perdones

Oraciones que activan promesas

y me purifiques de todo pecado, tanto conocido como desconocido. Ayúdame a vivir en obediencia a tu Palabra y a caminar en tu luz, para que pueda experimentar una comunión más profunda contigo y vivir una vida que te honre. Gracias por tu amor y tu gracia inmerecida. En el nombre de Jesús, Amén."

Tu Oración:

12. Consuelo: *"Bendito sea el Dios y Padre de nuestro Señor Jesucristo, Padre de misericordias y Dios de toda consolación, quien nos consuela en todas nuestras tribulaciones"*
2 Corintios 1:3-4
Esta promesa nos invita a confiar en el amor y el consuelo de Dios en medio de nuestras tristezas y dificultades y a ser un canal de consuelo y apoyo para aquellos que lo necesitan.

Mi Oración: "Dios misericordioso y compasivo, te alabo y te bendigo por tu consuelo en medio de nuestras aflicciones. Reconozco que eres el Dios de toda consolación y que nos consuelas en todas nuestras tribulaciones. Te agradezco por tu amor y por estar siempre presente en nuestros momentos de dolor y angustia. Te pido que nos fortalezcas y nos des paz en medio de nuestras pruebas, que nos llenes de tu consuelo y nos guíes hacia la esperanza y la sanidad. Ayúdanos a confiar en tu plan perfecto y en tu poder para redimir nuestras situaciones difíciles. Gracias por tu fidelidad y tu amor inagotable. En el nombre de Jesús, Amén."

Tu Oración:

13. **Dirección:** *"Yo te instruiré y te enseñaré el camino en que debes andar; te aconsejaré con mis ojos puestos en ti"*
Salmo 32:8
Esta promesa nos muestra que Dios se compromete a guiar nuestros pasos y enseñarnos el camino correcto. Él nos ofrece su sabiduría y dirección, y está atento a todo lo que sucede en nuestras vidas. Podemos confiar en que Dios nos hará entender y nos guiará en todas nuestras decisiones y caminos.

Mi Oración: "Gracias Padre amado, porque sé que puedo descansar en esta promesa. Se que estarás siempre vigilante y cuidando de mí en todo momento. Confío en que cuando enfrente decisiones difíciles, Tu Dios me aconsejaras y me guiarás a través de ellas. En el nombre del Padre, del Hijo y del Espíritu Santo. Amén"

Tu Oración:

Oraciones que activan promesas

14. Fortaleza: *"El Señor es mi roca, mi fortaleza y mi libertador; mi Dios, mi roca en quien me refugio; mi escudo, y la fuerza de mi salvación, mi alto refugio"* <u>Salmo 18:2.</u>

Dios es nuestra fortaleza, refugio y fuente de misericordia. Es una promesa de confianza en Dios para obtener fuerza, protección y compasión en todo momento. Nos invita a confiar en Él y buscar refugio en su presencia en medio de las dificultades de la vida.

Mi Oración: "Señor, gracias por ser mi roca fuerte, quien renueva mis fuerzas como las del águila y me liberas de las garras de mis enemigos. En ti confío porque en ti encuentro refugio.
Tu eres mi escudo y el poder que me sostiene en medio de las dificultades. Te alabo y te doy gracias porque en ti encuentro seguridad y protección en todo momento. En el nombre del Dios de toda gloria. Amen y Amen."

<u>Tu Oración:</u>

Oraciones que activan promesas

• EJEMPLOS BÍBLICOS DE PROMESAS CUMPLIDAS

En la Palabra, encontramos numerosas promesas que Dios hizo a diferentes personajes bíblicos. Estas promesas fueron específicas para cada individuo y se cumplieron de diferentes maneras. Nos muestran la fidelidad y el amor de Dios hacia sus siervos, asegurándoles su presencia, protección y cumplimiento de sus planes en sus vidas. Estos son algunos de esos ejemplos:

1. Promesa a Abraham:
"Haré de ti una nación grande, y te bendeciré, y engrandeceré tu nombre, y serás bendición." Génesis 12:2
Dios prometió a Abraham que sería el padre de muchas naciones y que su descendencia sería numerosa como las estrellas del cielo. Esta promesa se cumplió cuando Abraham tuvo un hijo, Isaac, y su linaje se convirtió en la nación de Israel.

2. Promesa a David:
"Y tu casa y tu reino serán firmes para siempre delante de tu rostro, y tu trono será estable eternamente." 2 Samuel 7:16
Dios prometió a David que su descendencia ocuparía el trono para siempre y que su reino sería establecido eternamente.

Oraciones que activan promesas

Esta promesa se cumplió cuando Jesús, quien es descendiente de David, vino como el Mesías y estableció su reino espiritual aquí en la tierra.

3. Promesa a María:
"El Espíritu Santo vendrá sobre ti, y el poder del Altísimo te cubrirá con su sombra; por lo cual también el Santo ser que nacerá, será llamado Hijo de Dios." Lucas 1:35
Dios prometió a María que daría a luz al Hijo de Dios, Jesús. Esta promesa se cumplió cuando María concibió milagrosamente por el Espíritu Santo y dio a luz a Jesús.

4. Promesa a los discípulos:
"Pero recibiréis poder cuándo el Espíritu Santo haya venido sobre vosotros; y me seréis testigos en Jerusalén, en toda Judea, en Samaria, y hasta lo último de la tierra." Hechos 1:8
Jesús prometió a sus discípulos que enviaría al Espíritu Santo para que estuviera con ellos y los guiará en todo momento. Esta promesa se cumplió cuando el Espíritu Santo descendió sobre los discípulos en el día de Pentecostés.

5. Promesa a Noé: *"He aquí que yo establezco mi pacto con vosotros, y con vuestros descendientes después de vosotros."* Génesis 9:9

Oraciones que activan promesas

Después del diluvio, Dios hizo un pacto con Noé y sus descendientes, prometiéndoles que nunca más destruiría la tierra con un diluvio. Esta promesa se simbolizó con el arco iris como señal del pacto.

6. Promesa a Josué:
"Nadie te podrá hacer frente en todos los días de tu vida; como estuve con Moisés, estaré contigo; no te dejaré, ni te desampararé." Josué 1: 5-9

Josué fue elegido para liderar a los israelitas después de la muerte de Moisés. Dios le prometió estar con él como estuvo con Moisés, asegurándole que nadie podría hacerle frente. Esta promesa le dio a Josué confianza y fortaleza para guiar al pueblo a la conquista de la tierra prometida.

7. Promesa a Pedro:
"Y yo también te digo, que tú eres Pedro, y sobre esta roca edificaré mi iglesia; y las puertas del Hades no prevalecerán contra ella." Mateo 16:18

En este pasaje Jesús establece a Pedro como líder de la iglesia. Pedro sería uno de los apóstoles claves en la propagación del mensaje de Jesús y en la formación de la iglesia primitiva y prometiendo que la iglesia será invencible y que las fuerzas del mal no podrán destruirla.

Oraciones que activan promesas

CAPÍTULO 7
TESTIMONIOS

Venid y oíd, todos los que a Dios teméis, y contaré lo que él ha hecho por mi alma"
Salmo 66: 16

Este versículo nos anima a compartir con otros las maravillas que Dios ha hecho en nuestras vidas, incluyendo la respuesta a nuestras oraciones.

Al testificar acerca de las oraciones contestadas, podemos glorificar a Dios y dar testimonio de su fidelidad y poder.

También encontramos ejemplos de testimonio de oraciones contestadas en el libro de Hechos 12:5-17, relata cómo la iglesia oró fervientemente por la liberación de Pedro en la cárcel y cómo Dios respondió sus oraciones de una manera asombrosa.

El testimonio de esta respuesta de oración fortaleció la fe de la iglesia y ánimo a otros a confiar en el poder de Dios.

La Biblia nos anima a testificar y compartir las respuestas a nuestras oraciones con otros, para glorificar a Dios y fortalecer la fe de aquellos que nos rodean.

Oraciones que activan promesas

Reflexionando en este Salmo, podemos considerar como nuestras propias experiencias con Dios pueden fortalecer la fe de otros.

Al compartir nuestras historias y testimonios, podemos ser una fuente de inspiración y aliento para aquellos que enfrentan desafíos o dudas en su camino espiritual. Además, al hablar de las obras de Dios, también fortalecemos nuestra propia fe y gratitud hacia él.

Mi oración: "Señor, al leer este salmo mi corazón se llena de gratitud y alabanza hacia ti. Hoy vengo ante tu presencia con reverencia y humildad, reconociendo tu grandeza y tu poder. Quiero contar y proclamar lo que has hecho en mi vida, las maravillas y las bendiciones que has derramado sobre mí. Has sido fiel en cada momento, has provisto mis necesidades, sanado mis heridas y has guiado mis pasos.

También te doy gracias por las cosas que no me has dado porque sé que no me las has dado por amor, porque sabes lo que me conviene.

Gracias Dios por tu gracia abundante y tu misericordia que se renueva cada mañana. Eres un Dios fiel, que escucha mis oraciones y responde a ellas en tu sabiduría perfecta.

Oraciones que activan promesas

Ayúdame a recordar siempre tus obras poderosas y voy a compartir tu bondad con aquellos que me rodean. Permíteme ser un testimonio vivo de tu amor y tu fidelidad. Permite que mi vida sea un reflejo de tu Gloria, y que, a través de mis palabras y acciones, otros puedan conocer tu poder y tu salvación.

Que mi testimonio inspire a otros a adorarte y a buscar una relación personal contigo. Te adoro, señor, y te agradezco nuevamente por todas las maravillas qué has hecho en mi vida. En el nombre de Jesús, Amén."

<u>Tu oración:</u>

En la encuesta pregunté:

¿has tenido alguna experiencia con oraciones contestadas?
¿Si es así podrías contarme la que haya sido más impactante para tu vida?

Todos los testimonios que voy a compartir con ustedes son anónimos, y copiados en forma literal como cada uno lo escribió.

Oraciones que activan promesas

Mi Testimonio 1.

He tenido muchas oraciones contestadas, tanto en mi vida como en mi familia, pero también algunas oraciones respondidas de manera diferente las cuales luego Dios me ha mostrado con eventos que no me había contestado con un sí porque no me convenía. Otras, confiando en su voluntad, como en este momento, en el cual me encuentro esperando su manifestación divina sobre mi vida, pero aquí estoy, perseverando en oración, confiando en que su respuesta llegará y seré nuevamente testimonio de su gloria y poder.

Tengo muchos testimonios, pero voy a compartirles uno que nos impactó mucho a mi esposo Andrés y a mí: veníamos orando y ayunando juntos por la legalización de nuestros documentos de permanencia en los Estados Unidos, los cuales venían de un largo proceso, documentos por aquí, documentos por allá, y varios obstáculos.

Una noche mi esposo estaba hablando con el abogado, segundo grupo que contratábamos, él le dijo a mi esposo que inmigración le estaba pidiendo más papeles de los cuales algunos los estaba viendo complicados y también si los conseguíamos iban a demorar más el proceso, él creía no había muchos recursos de dónde agarrarse.

Oraciones que activan promesas

Yo me encontraba orando en el cuarto de al lado y tenía la Biblia, hice algo que no acostumbro a hacer y la abrí para buscar un versículo, la Biblia me abrió en Isaías 43: 15-19 el cual ya lo tenía subrayado.
Que dice así: *"Yo soy el Señor, su santo; soy su Rey, el Creador de Israel". Así dice El Señor, El que abrió un camino en el mar, una senda través de las aguas caudalosas; el que hizo salir carros de combate y caballos, ejército y guerreros al mismo tiempo, los cuales quedaron tendidos para nunca más levantarse, extinguidos como mecha que se apaga: olviden las cosas de antaño; ya no vivan en el pasado. ¡Voy a hacer algo nuevo! ¿Ya está sucediendo? ¿No se dan cuenta? Estoy abriendo un camino en el desierto y ríos en lugares desolados."*

Leyendo esto me puse a llorar y cuando mi esposo terminó de hablar me contó que el abogado le había dicho que no había muchas esperanzas, que el proceso de qué aceptaran la residencia estaba complicado, que existía aún la posibilidad que tuviéramos que regresar a nuestro país.

Yo le conté a mi esposo que no recibía nada de lo que el abogado le había dicho, que Dios nos acababa de dar una palabra poderosa en la cual yo sí creía y estaba segura de que él también.

Oraciones que activan promesas

En los siguientes días nos aferramos a esa promesa y bueno para no hacer este testimonio más largo, dos semanas después nos llegó una carta de inmigración diciendo que nuestra residencia había sido aprobada.

El abogado dijo que estaba muy sorprendido y no sabía qué había sucedido, pero mi esposo le dijo yo sí sé que sucedió: nuestro abogado celestial intervino a nuestro favor cumpliéndonos lo que nos había prometido.

Isaías 43: 15-19 contiene una promesa poderosa, la cual implica que Dios está por encima de Reyes, naciones, de dominios y principados (Efesios 1:22-23) y está dispuesto y tiene el poder para hacer cosas nuevas en nuestras vidas, incluso en situaciones aparentemente imposibles.
Nos asegura que Dios está activamente obrando y que podemos confiar en Él para traer transformación y provisión en medio de las dificultades.

Es importante recordar que cada uno tiene una historia única y personal con Dios, y nuestras experiencias pueden variar.
Si llevas un tiempo orando y orando por algo muy importante, y no has recibido respuesta aún, no desfallezcas, persevera, espera con paciencia, continúa orando con fe y

obediencia, sólo Él sabe lo que te conviene y sabe bien cuál es el plan perfecto para cada uno de nosotros.

Y no olvides nunca sin importar por lo que estés atravesando que el Dios en el qué crees, el Dios de la biblia, te ama, es fiel y cumple Su palabra.

Testimonio 2 (Anónimo)
Hubo un momento en mi vida que le pedí a Dios incrementar mis ingresos en una cifra muy específica, algo que en ese momento parecía imposible y Dios me respondió de manera milagrosa y pasaron varios eventos que me llevaron a tener un incremento en exactamente la cifra que le había pedido.

Testimonio 3 (Anónimo)
En tres ocasiones, el año pasado iba a cerrar mi organización por falta de recursos económicos, en oración Dios envió tres personas a mi oficina con una palabra que sólo yo había pedido a Él en oración, la tercera persona fue a ofrecerme una clínica móvil la cual siempre fue mi sueño tener. Con esto aprendí que Dios tiene propósito con esa organización y aunque mis ojos no vean abundancia económica, Él hará en su tiempo y yo seguiré aplicando la fe de creer que me envió las respuestas de no cerrar. Él hará en su tiempo perfecto, y yo seguiré orando y creyendo en él.

Oraciones que activan promesas

Testimonio 4 (Anónimo)
La cura de cáncer de mi hijo

Testimonio 5 (Anónimo)
A ver encontrado a mi hijo después de qué se había perdido

Testimonio 6 (Anónimo)
Muchas, todas impactantes para mí. Confirmar que Dios es real estremece nuestro ser. En dos ocasiones, en tiempos diferentes, clamé por ayuda y el señor puso en mi camino a las personas claves.
¿Por qué fue impactante? Ver el rostro de esas personas con un gesto indescriptible, sus manos levantadas bien alto y diciendo "no sé porque lo hago, pero te ayudaré, finalmente soy tal persona y tengo autoridad para tomar la decisión. Esto hizo vibrar todo mi ser. Sentí una emoción sobrenatural; un ambiente o presencia, es que con palabras no se puede expresar.

Testimonio 7 (Anónimo)
Mi hijo menor fue desahuciado y salió adelante y está con nosotros.

Oraciones que activan promesas

Testimonio 8 (Anónimo)
I prayed for My Brother and Sister in Lord to Come to Know the Lord and have a Relationship with The Father. This Prayer was Recently answered.
Ore para que mi hermano y mi hermana en el señor llegaran a conocer a Dios y tuvieran una relación con el padre. Esta oración fue respondida recientemente.

Testimonio 9 (Anónimo)
Una vez oré por algo realmente improbable y yo me incliné al suelo, nunca había orado así y el resultado fue en horas concedido. yo no lo podía creer.

Testimonio 10 (Anónimo)
Cuando me divorcié le lloré de rodillas al señor, que no quería ser como las mujeres que se separaban y tenían que estar detrás de su expareja pidiéndoles lo que sus hijos necesitan, también le dije que yo nunca había trabajado y que no podía ganar el mínimo y de paso que me presentara a las personas que me iban a ayudar, en la misma semana conocí a dos industriales que según sus palabras, sintieron que tenían que ayudarme.

Me convertí en la más grande vendedora de hierro de todo el país, yo no tuve dificultad para tener a los clientes más

grandes del país, de paso era la única mujer en el medio porque era un trabajo para hombres y fui la única que trabajaba para los grandes industriales, ¿lo hice yo?
NO. LO HIZO EL.

Testimonio 11 (Anónimo)
Hace años no podía hablar como consecuencia de la extirpación total de mi tiroides. Ya que mis cuerdas vocales fueron lastimadas. Un día cuando venía de mis terapias, llegué a mi casa muy triste y le oré a Dios que me devolviera mi voz, aunque me gustaba (por ser muy ronca). Le pedí perdón y le entregué todo.

Y a la mañana siguiente hablé, fue una experiencia maravillosa. Dios es fiel y no hay nada imposible para él.

Testimonio 12 (Anónimo)
Desde muy pequeña siempre tuve un interés de buscar de Dios, a pesar de no crecer en un hogar donde se practicará alguna creencia religiosa. Una vez ya adulta me invitaron a un grupo de oración, al cual asistí por curiosidad y también porque sentía que de pronto lo que pudiera escuchar en esa reunión llenara el vacío espiritual que sentía.

Pero mi sorpresa fue tal que todo lo que sentí y experimenté en esa reunión, llenó tanto mi corazón que quería que toda mi familia llegara a tener esa experiencia con el Espíritu Santo. Desde ahí comencé a orar para que todos los integrantes de mi familia que no habían llegado a los pies del Señor lo hicieran y pudieran vivir esa experiencia que un día viví. Hoy le doy gracias a Dios por contestar mis oraciones, porque hoy todos desde los más grandes hasta los más pequeños aman a Dios y siguen su camino.

Testimonio 13 (Anónimo)
La verdad son tantas experiencias seguramente son más las que Dios contestó y yo ni me doy por enterado. He visto respuestas orando por la salud de mi madre y su bienestar. Ha mejorado de algunas patologías y alteraciones músculo esqueléticas.
Hace 10 años estaba muy enfermita y decaída. Hemos estado orando por ella cada hijo y hogar y hoy está mucho mejor de su diabetes. Tenía hipertensión y ya no toma medicación y Dios le dio la fortaleza para cambiar su estilo de vida lo mejor es que vamos en proceso confiando en su misericordia y gran amor por nosotros.

Testimonio 14 (Anónimo)
Hace un mes mi hermano en una práctica deportiva cayó de espalda de más de 4 m presentando tres fracturas, dos dorsales T7 y T10 y una lumbar L1. Pudiendo quedar paralítico pero

Oraciones que activan promesas

las oraciones de mi madre por cada uno permitieron que la misericordia de Dios lo protegiera y el médico que lo recibió admitiera "Es un milagro."

Testimonio 15 (Anónimo)
Siiii La mayor de mi vida fue el clamor que hicimos dos hermanos a favor de mi hermana quién está padeciendo por una enfermedad terrible, no daban Esperanza por ella y Dios la sanó y mi hermana hoy puede contar las maravillas del señor.

Testimonio 16 (Anónimo)
Una vez me incline con mi frente en el suelo pidiendo algo que yo creía que era improbable y en menos de 24 horas el Milagro ocurrió, creo que nunca había hablado de esa manera y me sorprendió, como tantas veces le he pedido a Dios y no recibí tan rápido como esa vez.

Testimonio 17 (Anónimo)
A veces oraciones relámpagos, como orar por un taxi, mal tiempo en un vuelo, sanidad por salud e incluso orar que pare la lluvia cuando voy caminando y no tengo paraguas.

Oraciones que activan promesas

Testimonio 18 (Anónimo)
El día que mi hija mayor tenía cinco meses de embarazada, presentó el síndrome de gel y la tuvieron que intervenir de urgencias, todo lo que se preparó no se necesitó, fue un milagro de Dios.

Testimonio 19 (Anónimo)
Cuando mi hija por condiciones de salud estuvo muy mal y Dios le dio una nueva oportunidad de vida.

Testimonio 20 (Anónimo)
Tengo muchas respuestas, pero una que me impactó fue el proceso de mi mamá en la pandemia, no fue COVID, pero si se afectó emocionalmente pensando que no volvería ver a sus hijas y fue decayendo, no quería comer, afectaron muchas cosas, el azúcar, los riñones, una hernia hiatal, al mismo tiempo mi hermana padecía de depresión encerrada en su casa sin poder resolver mucho por la situación del virus.

Me agarré de una promesa que Dios me dio en Jeremías 33:6 que dice:
"He aquí, yo les traeré sanidad y medicina; los curaré y les revelaré abundancia de paz y verdad" y la reclamaba a diario con muchas alabanzas que me traían refresco, consuelo y Esperanza.

Oraciones que activan promesas

Dios literalmente abrió los cielos y milagrosamente pude viajar desde Miami con mi esposo a Colombia por un vuelo comunitario hasta Bogotá y luego por carretera (el jefe de mi esposo proporcionó un chofer para que nos llevara a Barranquilla donde vive mi madre).

Fueron 40 días que duró su recuperación Milagrosa, muchos exámenes y diagnósticos para hacerle cirugía, pero Dios obró y se sanó de todo sin necesidad de operar. Mi hermana también se recuperó de su situación y pudimos darle la gloria a Dios por todas sus bendiciones.

Testimonio 21 (Anónimo)
Hummmm, podría escribir un libro, muchas oraciones contestadas. Dios es maravilloso, es un Dios de promesas, que cumple.

Testimonio 22 (Anónimo)
Sacar a mi hija adelante que es un poco débil en salud. ¡Estoy Super agradecida y bendecida, la fe de ser incondicional!

Testimonio 23 (Anónimo)
Sí. Mantener unida a mi familia.

Oraciones que activan promesas

Testimonio 24 (Anónimo)
El más grande. Dios sanó a mi hija de cáncer cuando estaba desahuciada.

Testimonio 25 (Anónimo)
Si, el lograr que, a pesar de todo pronóstico, mis hijos se pudieran graduar de profesionales en las carreras elegidas.

Testimonio 26 (Anónimo)
Un día comencé a asistir a una iglesia, pero mi hijo se oponía y discutíamos mucho, porque me decía que en esos lugares no había sino problemas y envidias, hasta que un día que me estaba hablando de lo mismo, sentí que el me quería quitar algo que me pertenecía y le contesté con una cita bíblica que tenía en mi mente y corazón:

Romanos 8:38-39 *"Por lo cual estoy seguro de que ni la muerte, ni la vida, ni ángeles, ni principados, ni potestades, ni lo presente, ni lo por venir, ni lo alto, ni lo profundo, ni ninguna otra cosa creada nos podrá separar del amor de Dios, que es en Cristo Jesús Señor nuestro".*

Desde ese día yo reforcé mis oraciones por él, mi hijo no me volvió a decir nada, y un tiempo después terminó congregándose en la misma iglesia. Para la gloria del Señor,

Oraciones que activan promesas

hoy es un hombre temeroso de Dios y tratando de vivir Sus leyes.

Testimonio 27 (Anónimo)

El 7 de diciembre de 2007, mi hija con 18 años, va a urgencias porque estaba muy hinchada, tanto el abdomen como las piernas y ahí comenzó todo.

La internaron el 9 de diciembre, realizaron muchos exámenes, los médicos hicieron varios diagnósticos, al final concluyeron que era lupus, le pedí a la familia no repetir más ese diagnóstico porque yo sabía que Dios iba a sanar a mi hija.

Comenzó tratamiento, pero lentamente fue empeorando, aunque yo siempre estuve firme en la fe, confiando en sus promesas, gracias a Él tuve mucha ayuda espiritual de mi familia, de pastores y de amigos.

A los 5 años de evolución de la enfermedad ella presentó daño renal en los dos riñones, se puso malita y comenzó diálisis peritoneal por 2 años, después de esto el nefrólogo nos habló que había que hacer trasplante, porque el daño renal estaba muy avanzado, toda mi familia y yo continuamos clamando a Dios sin desistir por su sanidad.

Oraciones que activan promesas

Así que le realizaron todos los estudios, y después de algunas semanas y varios percances en el envío de los exámenes a Medellín, Colombia, donde seria la cirugía, finalmente el 5 de mayo del 2015 el medico nos dijo que ella calificaba, pero tenía que entrar en lista de espera, de 4 a 6 meses o más, aun años hasta que apareciera un donante de cadáver.

Pero algo increíble sucedió: cuál sería nuestra sorpresa cuando el nefrólogo nos llama, 12 de mayo del 2015, A SOLO 7 DÍAS, el número perfecto de Dios, para decirnos que viajáramos ya para el trasplante, fue todo una correia, no lo podíamos creer, como Dios confirmando "SOY YO".

Por ser todo a la carrera tuve que viajar sola con mi hija. Ya lista para entrar a cirugía, el anestesiólogo me dijo que mi hija tenía un 30% de posibilidades de morir en la cirugía, y yo le dije doctor mi hija no se va a morir porque a ella la va a operar el cirujano de cirujanos, y me contestó no de muy buena forma, pues usted verá, pero puede pasar, en ese momento yo le dije a Dios, Señor yo sé que ella no va a morir porque Tú eres el que la va a operar.

Ella entró a cirugía y yo me fui con mi Biblia a la salita de espera, todos me llamaban, todos preocupados y yo súper tranquila, orando y leyendo la Biblia. Después de varias horas, salió el cirujano y me dijo, su niña ya tiene su riñón nuevo ya está orinando, y está muy bien, señora sus oraciones subieron al cielo, qué cirugía tan hermosa la que acabamos de hacer.

No me cansaba de darle las gracias a Dios, luego vino toda su recuperación que fue excelente y hasta el día de hoy han pasado 8 años 2 meses y medio, y mi hija ha estado muy pero muy bien gracias a Dios, lo más hermoso después de haberle dado una oportunidad de otra vida a mi hija es que ella con la enfermedad se alejó de Dios y después del trasplante se entregó nuevamente a ÉL y ÉL me regaló una nueva hija, sana y temerosa del Señor, sólo puedo darle gracias y gracias, padre amado.

Testimonio 28 (Anónimo)
He pedido éxito para mis hijos y lo tuvieron.

CAPÍTULO 8

LA ORACIÓN DE FE

"Que, si confiesas con tu boca que Jesús es el Señor, y crees en tu corazón que Dios lo levantó de entre los muertos, serás salvo. Porque con el corazón se cree para ser justificado, pero con la boca se confiesa para ser salvo."
Romanos 10: 9-10

Este pasaje bíblico **nos invita a que le digamos "Sí" a Jesús como nuestro Salvador,** puedes hacerlo a través de una sencilla oración de fe, sincera y desde el corazón.
Si estás dispuesto/a hacerlo, te invito a orar conmigo. Simplemente repite estas palabras en tu corazón y en voz alta si te sientes cómodo/a.

"Señor Jesús, en este momento declaro con mi boca que creo con todo mi corazón que Tu eres mi Señor y salvador. Porque creo en tu sacrificio en la cruz por mis pecados y creo también que resucitaste al tercer día. Reconozco que soy pecador. Me arrepiento de mis pecados y te pido que me perdones."

Oraciones que activan promesas

Te abro mi corazón y te invito a que tomes el control de mi vida. Renuncio a vivir según mis propios deseos, confiando en tu amor y en tu poder para transformar mi vida. Te pido que me llenes con Tu Espíritu Santo y guíes mis pasos en tu camino. Ayúdame a crecer en mi relación contigo, conocer tu palabra y a vivir de acuerdo con tus enseñanzas.
Que tu amor y gracia me transformen y me hagan una nueva criatura. En tu nombre, amado Jesús, amén y amén."

Si algún día hiciste esta oración, pero hoy te encuentras lejos de tu padre celestial, o te has sentido en algún momento desilusionado/a con Dios y quieres reconciliarte con Él te invito a hacer esta oración:

"Querido padre celestial, hoy vengo a ti con un corazón arrepentido y humilde. Reconozco que me he alejado de ti y tomado decisiones que me han separado de tu amor y voluntad para mi vida. Me arrepiento de mis pecados y te pido que me perdones por todas mis acciones y actitudes que te han entristecido. Padre, reconozco que sólo a través de Jesús puedo reconciliarme contigo. Hoy confieso mi fe en Jesús como mi señor y Salvador. Creo que moriste en una cruz y resucitaste como muestra de tu poder y amor por mí. Acepto tu regalo de salvación y vida eterna y te invito a entrar nuevamente en mi vida. Te pido que limpies mi corazón y me llenes con tu

Oraciones que activan promesas

Espíritu Santo. Ayúdame a vivir en obediencia a tu palabra y a seguir tus caminos todos los días. Dame la fuerza y el discernimiento para resistir la tentación y vivir una vida que te agrade. En el nombre de Jesús amén y amén."

Querido/a amigo/a
¡Felicitaciones por haber hecho la oración de fe y haber aceptado a Jesús como tu salvador! Estoy segura de que cambiará tu vida para siempre. Te animo que sigas buscando a Dios en oración, leyendo la biblia y creciendo en tu fe. Que esta nueva etapa de tu vida esté llena de bendiciones y crecimiento espiritual.
Te animo a buscar una iglesia o un grupo de creyentes donde puedas crecer en tu fe y recibir apoyo espiritual.

Bienvenido/a a la familia de Dios

También puedes escribirme y contarme tu experiencia:
marthamelendez7escritora@gmail.com

¡Dios te bendiga abundantemente!

Made in the USA
Columbia, SC
25 February 2024